출애굽기

제1권 유월절 어린양과 영광스러운 대탈출(1-14장)

서울솔로몬학교 성경연수원

차 례

이 책에 인용된 성경 구절은 〈한글킹제임스성경〉입니다.

제 1 과

출애굽의 서막, 모세를 부르심

(1-4장)

『주께서 말씀하시기를 "여기로 가까이 다가서지 말고 네 발에서 신을 벗으라. 이는 네가 서 있는 곳이 거룩한 땅임이니라." 하시더라』(출 3:5).

출애굽기는 어떤 책인가?

■ "구속의 책" 출애굽기 ■

창세기가 "시작"의 책이라면 출애굽기는 "구속"의 책이다. 그런데 시작의 책인 창세기는 "이집트의 관"으로 끝이 난다. 『**그리하여 요셉이 일백십 세가 되어 죽으니 그들이 그에게 향 재료를 넣고, 그를 이집트에서 관에 넣었더라**』(창 50:26). "이집트"는 세상의 모형이고, "관"은 죽음을 의미한다. 창세기에서 죄와 사망이 세상에 들어온 이래로, 인간은 모든 것을 잃어버렸고 육체적으로나 영적으로 모두 황폐하게 되었다. 이렇듯 죽음을 두려워하여 평생을 노예로 속박되어 살아가는 인간에게는 반드시 "구속"이 필요하다.

출애굽기는 노예 생활을 하는 민족을 하나님께서 굽어보시는 것을 시작으로 전개되는데, 그 이스라엘 민족의 노예 생활이 얼마나 혹독한지, 하나님께서 어떻게 구원자를 보내 주시는지, 또 그 구원 방법이 어떠한지를 잘 보여 준다. 출애굽기는 이스라엘 자손들이 400년간의 노예 생활을 뒤로하고 이집트를 떠난 일을 기록한다. 하나님께서는 고통받는 백성들을 찾아오셨고 그들을 구출하실 것이다. 위대하신 하나님의 능력에 따른 영광스런 대탈출과 구속의 대장정 역사가 시작되는 것이다.

기 록 자	모세(출 17:14; 24:4, 막 12:26, 눅 20:37, cf. 요 8:5)
기록 시기	B.C. 1491년경 〈전체 40장, 1,213구절로 구성됨〉
핵심 주제	"구속" [출애굽기(Exodus) : "탈출, 나감"(exit)]

1. 출애굽기의 특징

모세의 두 번째 책인 출애굽기는 "구속의 책"이며, "능력"에 의한 구속과 "피"에 의한 구속으로 나뉜다. "구속의 책"인 출애굽기는 이스라엘 자손이 400년간의 노예 생활 이후에 하나님의 능력으로 이집트에서 구출되는 "역사적인" 내용을 기록하고 있다. 또한 사탄의 권세로부터 예수 그리스도의 보혈을 통해 죄인이 구속받는 경험들과 관련된 내용을 "영적으로" 보여 준다. "교리적"으로는 율법 시대의 교리들과 이제 곧 다가올 교회의 휴거 및 대환란에 관한 예표들을 구체적으로 다루고 있다. 이와 같은 출애굽기는 모세의 언약에 따라 율법 시대의 경륜이 시작되는 책이다.

우리는 출애굽기에서 하나님의 속성을 발견하게 된다. 또한 이 책은 하나님께서 누구이시고, 우리가 그분을 어떻게 예배하고 섬겨야 하는가에 대한 근본적인 신학적 토대를 제공해 주며, 하나님의 율법, 하나님께서 이스라엘과 맺으신 언약, 하나님의 전반적인 구원 계획에 대한 신학적 토대를 마련해 준다. 출애굽기와 십계명 그리고 언약의 책에 기록된 규례를 통해 하나님의 사랑과 정의를 발견할 수 있고, 하나님의 거룩하심의 속성을 보다 더 깊이 있게 이해할 수 있게 된다(〈Halley's Bible Handbook〉 출애굽기 서문〉).

MEMO

■ 새롭게 깨달았거나 적용할 내용이 있다면 적어 보세요. ■

2. 출애굽기의 구성

이집트에서의 이스라엘 (1-14장)	1-4장	모세의 출생과 부르심(불타는 가시덤불)
	5-12장	열 가지 재앙과 영광스런 대탈출
	13-14장	홍해를 건넘
홍해에서 르피딤까지 (15-18장)	15장	홍해에서 엘림까지
	16-17장	엘림에서 르피딤까지(아말렉과의 전투)
	18장	모세의 장인 이드로
시내 산에서의 이스라엘 (19-40장)	19장	르피딤에서 시내 산까지(모세의 언약)
	20-24장	십계명과 여러 가지 율법 조항들
	25-40장	성막을 세움

3. 출애굽기에서 발견되는 일곱 가지 위대한 진리들

첫째, 구원받지 않은 인류는 잔인한 주인에게 묶여 속박되어 있는 "노예"와 같다. 둘째, 노예가 자유롭게 되기 위해서는 반드시 "하나님의 직접적인 개입"이 필요하다. 셋째, 하나님께서는 그분의 노예 해방 선언을 이루시기 위해 "전달자"를 선택하신다. 넷째, 구속은 "피"와 "능력"에 의해 이루어진다. 다섯째, 구속받은 자들은 세상 제도와 어떠한 "타협"을 해서도 안 된다. 여섯째, 구속은 앞으로 다가올 인생의 시련들과 시험들의 "시작"일 뿐이다. 일곱째, 하나님께서는 변하지 않는 절대적인 "거룩함의 기준"을 가지고 계신다.

MEMO

새롭게 깨달았거나 적용할 내용이 있다면 적어 보세요. ■

KJBC

킹제임스성경신학교는 피터 럭크만 박사가 미국 플로리다주 펜사콜라시에 설립한 Pensacola Bible Institute (PBI)에 기반을 두고 있습니다. 미국 Pensacola Bible Institute는 1965년 9월 개강한 이래로 지금까지 미국 내 정통 신학 교육의 요람으로서, 미국 내 유수한 근본주의 침례교 신학교들을 압도하고 성경대로 믿는 그리스도인들의 산실이 되고 있습니다. 자유주의와 현대주의를 배격하는 가운데 정통 교리의 수준 높은 신학 교육은 물론이요, 능력 있는 설교자 양성을 위한 강도 높은 훈련으로도 단연 으뜸입니다. 이처럼 본 신학교도 1991년에 세워진 이래로 이 땅에 바른 성경적 지식을 정착하고 신실한 하나님의 일꾼을 양성하는 데 총력을 기울여 오고 있습니다.

기존 신학교는 하나님의 말씀보다는 교단 신학과 학문으로서의 신학에 중점을 두어 가르치고 있습니다. 또한 편협한 교단 교리에 하나님의 말씀을 억지로 끼워 맞춰 가르치고 있기 때문에 이제는 하나님의 말씀에 근거한 신학을 제대로 가르치는 곳이 절대적으로 필요합니다. 이런 절실한 필요에 의해 본 신학교는 모든 교과 과정을 교단 신학이 아닌 하나님의 말씀으로 채움으로써 하나님의 말씀에 대한 올바른 지식을 터득할 수 있도록 구성하고 있습니다. 이렇게 구성된 모든 교과 과정은 성경 각 책에 대한 깊이 있는 수업과 설교의 실전 연습, 제반 목회 생활에 관한 실제적인 수업들로 이루어져 있으며, 무엇보다도 균형 있고 올바른 성경적 지식으로 무장할 수 있는 많은 수업들이 제공되고 있습니다.

킹제임스성경신학교는 설교자와 목회자, 성경 교사, 선교사를 양성하기 위한 곳으로, 3년의 모든 과정을 착실히 이수한 모든 학생들이 각자 하나님의 부르심에 따라 언제 어디서나 전담 사역자로서 사역할 수 있도록 양육받을 수 있는 국내 유일의 온·오프라인 정통 신학교입니다.

입학요강

	신학사(B.D.)	킹제임스성경신학원 신학석사(Th.M.)
수업연한	3년 (6학기)	2년 (4학기)
자　　격	• 거듭난 그리스도인으로서 하나님께 쓰임받기 원하는 사람 • 고등학교 졸업자 및 졸업 예정자 또는 동등 이상의 학력이 인정되는 자(연령 제한 없음)	• 본교를 졸업한 신학사 학위 소지자로서 진리의 지식으로 효과적인 사역을 이루려는 분
선　　발	서류전형(입학원서, 구원간증, 자기 소개서), 면접(서류 전형 합격자에게 개별 통보)	
학사일정	오프라인 봄 학기 매년 3월초 가을 학기 9월초 개강(총 16주) 월,화,목,금(오후 6:30 – 9:20) 온 라 인 수시접수 가능(한 학기 총 16주 / 100% 동영상 강의)	한 학기당 16주 과정 (화요일 오후 6:30 – 9:20)
원서교부	킹제임스성경신학교 교무처 / 인터넷 접수	

이집트인들의 속박(1장)

이집트로 들어온(1:1-5, 창 46:1-27) 이스라엘 자손들은 고센 땅에 머물렀고, 요셉의 보호 속에서 다산하며 번성해 갔다(7절, 창 47:27). 이제 시간이 흘러서 요셉이 죽고 그의 모든 형제들과 당대의 모든 사람들도 죽게 된다(6절).

1. 요셉을 모르는 "새로운 왕"의 등장(1:8,9)

이 "새로운 왕"은 이집트 왕 파라오로 불리기는 해도(1:15) 이집트 출신은 아니었다. 이는 그가 이집트 출신이었다면, 요셉을 모를 리가 없었기 때문이다. 그는 1:9에서 『**이스라엘 자손의 백성이 우리보다 더 많고 더 강하도다.**』라고 말하는데, 당시 이집트 인구가 약 2백만 명의 이스라엘 자손의 수보다 많았다는 사실을 감안하면 그는 분명 이집트인이 아니었던 것이다(cf. 1:10). 그는 외부에서 침입해 들어온 이민족 "힉소스"(Hyksos) 왕들 중에 하나였다. 이 왕의 때와 관련하여 유대인 역사가 요세푸스는 "왕권이 다른 가문으로 넘어갔다."라고 말했다(〈요세푸스 I, 유대고대사, 제2권 9장〉). 이사야 52:4에서는 이스라엘 백성이 출애굽 직전 "이집트"에서 "앗시리아인"에게 압제를 당했다고 말씀한다. 『**내 백성이 이전에 이집트에 내려가 거기서 기거하였고, 또 앗시리아인이 까닭없이 그들을 압제하였느니라.**』

요셉을 전혀 모르는 새로운 왕 파라오는 힉소스의 왕으로서 앗시리아인이었고, "까닭없이" 이스라엘 백성들을 압제하여 힘든 노역을 하게 했다.

2. 이스라엘 백성에게 고된 노예 생활을 시킴(1:10-14)

이집트의 새로운 왕은 점점 더 번성하고 막강해지는 이스라엘 자손들이 자기

들을 대적하여 이집트 땅에서 떠날까봐 그들을 "노예"로 부리기로 결정했다. 즉 그들을 관장할 공사 감독자를 세워 그들에게 짐을 지우고, 흙을 이기고 벽돌을 만들게 하는 등 파라오를 위한 국고 성읍들을 건축하게 했다.

그러나 이스라엘 자손들은 노예로 괴롭힘당하면 당할수록 더 번성하고 늘어났다(1:12). 이것은 초기 교회 시대의 그리스도인들이 박해를 당하면 당할수록 그 수가 더 증가하고 예수 그리스도의 은혜 안에서 더 견고하게 성장해 나간 모습을 생각나게 한다. "순교자들이 뿌린 피는 교회의 열매를 맺게 하는 씨앗이다!"

3. 이스라엘의 "씨"를 말리기 위한 조치(1:15-22)

유아 살해를 명령한 파라오보다(1:16) 하나님을 더 두려워한 히브리 산파들이(1:17) 죄 없는 자들의 생명을 보호하기 위해 한 거짓말은(1:18,19) 하나님께서도 묵인하신다. 즉 두 개의 권위가 상충될 때, 오직 하나님의 명령에 순종하는 것이 성경적 원칙이다(행 5:13).

하나님께서는 그분을 두려워하여 용기 있게 행한 산파들을 기억하셔서 그들에게 복을 주셨을 뿐 아니라(20,21절) 그들의 이름이 하나님의 말씀에 기록되는 영예도 얻게 하셨다(시프라, 푸아 - 1:15).

파라오는 "태어난 아들을 모두 강에 버리라"는 보다 더 강력한 조치를 취했는데(1:22), 그 배후에는 이스라엘의 구원자인 모세를 죽이기 위한 "사탄의 계략"이 있었다. 사탄은 초림 때도 예수님의 탄생을 막기 위해 헤롯을 충동질했다(마 2:16).

"심는 대로 거둔다"는 법칙에 따라(시 35:8, 갈 6:7,8, 잠 22:8), "아들"을 "강"에다 버리라는 명령을 내린 <u>파라오는 자신의 "첫아들"을 잃었을 뿐만 아니라 (12:29,30) "그 자신도 물에 빠져 죽는" 최후를 맞게 된다(15:1,21)</u>.

구원자를 예비하시는 하나님(2,3장)

하나님께서는 노예 생활로 고통받고 있는 이스라엘 백성들의 신음 소리를 외면하지 않으셨다. 그리하여 그들의 조상인 아브라함과 이삭과 야곱과 맺은 언약을 기억하셨고(출 2:23-25), 그들을 구원하기 위해 한 구원자를 예비하셨으니, 레위 지파에 속한 한 가정, 곧 암람과 요케벳(출 6:20) 사이에 아들을 허락하신 것이다. 그의 이름이 바로 "모세"였다.

1. 모세의 출생(2:1,2)

모세는 "준수했고"(2:2) "아름다웠으며"(행 7:20) "출중했다"(히 11:23). 모세의 부모는 왕의 명령을 두려워하지 않고 하나님만 신뢰하는 믿음의 사람들로서 그를 3개월 동안 숨겼다(히 11:23).

2. 하나님의 섭리적인 보호하심(2:3-10)

하나님께서는 강가에서 갈대로 만든 작은 궤 안에 들어 있는 모세를(2:3), 악어, 아이의 눈을 노리는 새들, 거친 바람과 물결, 말라리아 같은 질병 등의 위험으로부터 보호하셨다. <u>언제 깨질지도, 물속에 잠길지</u>

도 모르는 궤 속에 실려 강가에서 죽음을 기다리고 있던 모세를 하나님께서 지켜 주신 것이다. 하나님께서는 모세를 구출하시기 위해 가장 적합한 시기에 가장 적합한 장소로 파라오의 딸을 인도하셨다(2:5, 롬 8:28). 파라오의 딸이 그 궤를 열어 보고 모세에 대하여 연민을 가질 수 있도록 그녀의 마음을 움직이셨다(2:6). 그때 모세를 양육할 유모를 위해서 히브리 여인을 불러와도 되겠느냐는 미리암(모세의 누이)의 제안이 기적적으로 받아들여졌다(2:7).

모든 것을 주관하시는 하나님의 완벽한 섭리 속에서 모세는 자기를 낳은 친어머니에 의해 양육을 받게 된다(2:8,9). 모세의 어머니는 믿음의 여인이었고 순종의 여인이었다. 『**믿음으로 모세는 태어났을 때에 출중한 아이로 보였기에, 그의 부모가 삼 개월 동안 숨겼으니, 이는 그들이 왕의 명령을 두려워하지 않았기 때문이며**』(히 11:23). 그녀는 자기 아이와 모든 상황을 하나님께 맡긴 채 아이를 궤 속에 넣어 강물에 띄웠지만, 하나님께서는 그 아이를 그녀의 품에 고스란히 돌려주셨다. 그것도 "양육비"와 더불어 말이다!(2:9)

파라오의 딸은 아기의 이름을 "모세"라고 했다. 이는 그를 물에서 건져 냈기 때문이다. 그녀는 모세를 아들로 삼았는데, 어쩌면 왕의 후계자로 세우려 했을지 모른다(2:10, cf. 히 11:24). 그렇게 해서 모세는 왕족이 되었고 왕의 자녀로 양육을 받았으며, 이집트인들의 모든 지식과 지혜를 배워서 말과 행위에 뛰어났다(행 7:22). 모세는 하나님의 그와 같은 섭리적인 보호하심 속에서 이스라엘의 구원자로 준비되고 있었다.

MEMO

■새롭게 깨달았거나 적용할 내용이 있다면 적어 보세요. ■

예수 그리스도께서는 모세와 같은 한 "선지자"이셨다(신 18:15, 행 3:22; 7:37)		
공통되는 특징	모세	예수 그리스도
① 하나님의 섭리로 유아 시절에 선택되고 보호를 받음	출 2:1-10	마 2:13-23
② 물에서 건져짐	출 2:10	시 69:1-3
③ 이집트에서 불러냄을 받음	출 2:1-12:51	마 2:13-15
④ 자기 백성을 노예에서 해방시키기 위해 보냄을 받음	출 3:7-10	요 8:31-36 눅 2:38
⑤ 광야에서 백성을 빵으로 먹임	출 16:4 요 6:30-35	마 14:13-21; 15:32-39
⑥ 백성에게 생수를 줌(고전 10:1-4)	출 17:6	요 7:38,39
⑦ 자기 백성들에게 거부를 당함	출 2:14	요 1:11
⑧ 약속의 땅에 들어가기 전에 죽음	신 34:1-6	요 19:30
⑨ 무덤에서 일어남	유 1:9	마 28:6,7
⑩ 이방인 아내를 얻음	출 2:21	엡 5:25-27
⑪ 목자(사 63:11)	출 3:1	요 10:11,14
⑫ 왕	신 33:5	계 19:16
⑬ 선지자	신 18:15,18	요 4:44; 7:40
⑭ 시내 산에서 40일 밤낮 금식함	출 24:15-18 신 9:9-12	마 4:1,2
⑮ 적그리스도의 모형과 대면함	출 5:1-9 (파라오)	눅 23:7-11 (헤롯)
⑯ 얼굴이 변모됨	출 34:29	마 17:2

3. 모세를 부르시는 하나님(2:11-3:12)

이집트 왕궁에서 교육을 받으며 성장한 지 40년이 지났을 무렵, 모세는 왕궁의 사치스런 삶과 잠시 즐기는 죄의 낙을 포기하고(히 11:24,25) 자신의 백성들을 돌아보게 된다(2:11, 『**그의 형제들에게 나가서**』). 그러던 어느 날 자기 동족을 때리는 한 이집트인을 보고서 그를 죽이는데(2:12), 어쩌면 모세는 바로 이 순간에 "노예로 고통받는 자신의 백성을 구원하기 위해 하나님께서 자신을 부르셨다."라고 느꼈을지 모른다(행 7:25). **그러나 "하나님의 시간표"는 아직 다 차지 않았다. 그는 하나님보다 너무(적어도 40년이나) 앞서 나간 것이다**. 결국 이 일은 파라오에게 알려졌고, 모세는 그것이 두려워서 미디안 땅으로 피신했다(2:15). 그리고 미디안 땅에서 이방인 아내 십보라를 얻고 아들을 낳는다(2:21,22).

모세 역시 사람이었다(약 5:17). 모세에게도 부주의한 면이 있었고(출 2:12) 화를 내기도 했다(민 20:10,11). 모세는 강한 믿음이 있었지만(출 10:26), 때때로 믿음이 약해지기도 했고(민 11:21,22), 지치기도 했으며(출 17:12), 의분에 차기도 했다(출 32:19). 또 자신을 확신하지 못했고(출 18:15-19), 용기를 내지 못하기도 했고(출 5:22,23), 의기양양하기도 했고(출 8:9), 언짢아하기도 했다(민 12:13). 하나님과 논쟁하기도 했고(출 4:13,14), 불순종하기도 했고(출 4:24-26), 인내하지 못했고(출 2장), 죽음을 두려워하기도 했다(히 12:21). 열성적이기도 했고(민 11:29), 능력이 있었고(민 16:28-32), 신실했고(히 3:1-3), 승리에 차 있었고(신 32:43), 호기심이 있었지만 실망하기도 했다(신 3:25,26). 모세 역시 인간 중의 인간이었던 것이다.

미디안 광야에서 40년 동안(2:23, 행 7:30) 장인의 양을 치며 지내던 모세를 하나님께서 부르셨다(3:1-6). 양떼를 인도하던 모세는 하나님의 산 호렙(시내 산)에서 불타는 가시덤불이 소멸되지 않는 광경을 목격했다(3:1-3). **소멸되지 않는 불타는 가시덤불은 수많은 고난 속에서도 결코 소멸되지 않는 "이스라엘"을 상징한다(말 3:6)**. 그 가시덤불 속에서(신 33:16) "주의 천사"로 나타나신 하나님께서는 모세를 부르시며 『**아브라함의 하나님, 이삭의 하나님, 야곱의 하나님**』으로 자신을 계시하셨다(3:4-6). 하나님께서는 역사상 가장 중요하고 위대한 임무 하나를 모세에게 맡기셨다(출 3:7-10). 모세는 **약속의 땅에 이를 때까지** 전갈과 뱀들이 우글거리는, 바위로 덮인 광야로 백성들을 이끌고 나가 그들을 먹고 마시게 해야 했다. 당대 세계 패권을 쥐고 있던 이집트의 손에서 어떤 무기도, 강력한 군대도 없이 약 2백만 명이나 되는 백성들을 탈출시켜, 아무것도 없는 광야를 통과하여 하나님께서 약속하신 땅으로 인도하는 일은 실로 엄청난 일이었다. 그러나 **모세는 하나님의 위대한 부르심 앞에 응답할 준비가 되어 있지 않았다**(3:11,12). 하나님의 사역을 위해 80년간(왕궁에서 40년, 광야에서 40년) 준비되어 왔음에도, 인간의 악한 본성과 거짓 겸손은 그를 주저하게 만들었다. 모세는 하나님께서 자신의 형편을 알아주셨으면 했으나, 모든 일을 가능하게 하시는 하나님 안에서 믿음과 신뢰를 배울 필요가 있었다.

4. 하나님의 위대한 이름이 계시됨(3:13-22)

모세는 계속해서 핑계거리를 찾고 있다. 『**그들이 내게 말하기를 '그의 이름이 무엇이냐?' 하면, 내가 무엇이라고 그들에게 말하리이까?**』(3:13) 이스라엘인들이 이집트의 많은 신들(오시리스, 호루스, 파쉬트, 토트, 셉, 이시스 등)을 접하고 살았기 때문에, 모세는 그들에게 제시할 하나님의 이름이 필요했을 것이다. 모세는 이미 "여호와 이레"(창 22:14), "엘로힘"(창 1:1), "엘론"(창 14:18), "아도나이"(창 15:2,8), "여호와"(창 2:4,5,7,8) 같은 하나님의 다양한 이름을 알고 있었기 때문에, 이렇게 많은 이름들 가운데 어떤 이름으로 나아가야 하느냐는 것이었을 것이다. 모세는 출애굽기 2:14처럼 "누가 너를 우리를 다스릴 통치자와 재판관으로 삼았더냐?"와 같은 상황이 재현되기를 결코 바라지 않았다.

주님께서는 모세의 질문에 "**나는 곧 나니라**"(I AM THAT I AM, 3:14)라고 그분 자신의 이름을 계시해 주셨다. 창조주이시고, 절대 주권자이시며, 온전한 거룩함과 절대적인 권세를 지니신 하나님께 부여할 수 있는 이름은 "**나이신 분**"(I AM, 3:14)이다. 이것은 무한한 이름이며, 인간의 말로는 감히 설명할 수조차 없는 절대적인 이름이다. 이 이름에는 인간의 유한한 지성으로는 감히 측량할 수 없는 깊이가 있다. 위대하신 하나님은 스스로 존재하시는 유일한 분이시며, 시작도 끝도 없고, "영원부터 영원까지" 하나님이시다. 이렇게 자신을 늘 동일하고 영원히 변하지 않는 현재형으로 제시할 수 있는 분은 주님밖에 없다. "나는 존재하며, 또 항상 존재해 왔기 때문에 다만 '나'일 뿐이다." "나는 나다. 다른 설명이 필요 없다." "나는 길이요, 진리요, 생명이요, 문이요, 위로자다." "나는 항상 나다. 과거, 현재, 미래와 상관없이 항상 'I am'이다." "하나님의 아들"이신 예수 그리스도께서 "내가 그니라."(I am *he* - I AM)라고 말씀하셨을 때, 그분을 잡으러 왔던 자들은 뒤로 물러나 땅에 엎드려야만 했다(요 18:6). 권위 있는 그 이름 앞에 감히 서 있을 수조차 없었다. 또한 "I AM"은 이스라엘에게 주어진 "백지수표"와 같다. 권세가 필요하면 "권세"(power)라고 적으면 된다. "I AM power"(마 28:18). 위로가 필요하면 "위로"(comfort)라고 적으면 된다. "I AM comfort"(요 14:16). 치유(healing)가 필요하다면 그 뒤에 "I AM the Healer"(출 15:26)라고 적으면 된다.

하나님의 위대한 표적이 제시됨(4장)

1. 세 가지 표적(4:1-9)

모세는 "하나님의 위대한 이름"을 듣고서도 여전히 그분의 부르심을 거절하기 위해 이리저리 핑계거리를 찾으며 빠져나갈 궁리를 하고 있다(4:1). **기왕에 하나님의 부르심을 받았고, 또한 헌신하기로 나섰다면, 자신의 과거와 연약함은 모두 잊어버리고 세리 마태처럼(마 9:9) "즉각적인 순종"으로 응답하는 편이 더 낫다**. 모세처럼 사람들의 반응과 관련하여 이러쿵저러쿵 변명하며 우려를 표명하는 것은 옳지 않다!

기드온은 미디안인들과 전쟁할 때 자신 없어 했고(판 6:14-40), **사울**은 기구 사이에 숨어 있었으며(삼상 10:22), **요나**는 다시스로 도망치려 했다(욘 1:3). **베드로**는 "저를 떠나가십시오. 오, 주여, 나는 죄인이로소이다."(눅 5:8)라고 말했고, **입다**는 권력을 보장받기 전까지 전혀 움직이려 하지 않았다(판 11:9).

하나님의 부르심에 대해 모세는 다섯 가지 핑계를 댄다. ① 제가 누구이기에 파라오에게 가며, 이스라엘 백성들을 이집트에서 데리고 나올 수 있겠습니까?(3:11) ② 백성들이 "그분의 이름이 무엇이냐"라고 물으면 뭐라고 답변해 줍니까?(3:13) ③ 백성들이 나를 믿지도 않고 내 음성에 경청하지도 않으면 어떻게 합니까?(4:1) ④ 말을 잘 못해서 말하는 것도 느리고 혀도 둔합니다(4:10). ⑤ 주여, 보낼 만한 사람을 보내소서!(4:13)

모세의 불신 어린 질문에 하나님께서는 "세 가지" 표적을 통해 답변하셨다.

1) **막대기를 뱀으로 만드시는 표적(4:2-5)** : 모세가 막대기를 땅에 던지자 뱀이 되었고, 모세는 그것을 피했다(4:3). 그러나 하나님의 명령을 따라 뱀의 꼬리를 잡자, 그의 손에서 다시 막대기가 되었다(4:4). **뱀은 사탄을 예표하고, 파**

라오 역시 사탄의 예표이다. 모세와 파라오의 대결에서, 처음에 모세는 파라오를 피했었다(2:15). 그러나 두 번째 대결에서는 파라오를 대적해서 이기게 된다. 하나님의 명령에 순종함으로써 파라오를 이긴 것이다. 『**그러므로 하나님께 복종하라. 마귀를 대적하라. 그리하면 그가 너희로부터 도망하리라**』(약 4:7). 마귀는 피하지 말고 대적해야 한다. 그를 피한다고 문제가 해결되는 것이 아니다. 그러나 먼저 하나님의 명령에 복종하지 않고서는 결코 마귀를 대적하여 승리할 수 없다.

2) 문둥병의 표적(4:6-8) : 모세가 손을 품에 넣었을 때는 문둥병에 걸렸다가(4:6), 다시 손을 품에 넣었다가 꺼내니 문둥병이 치유되었다(4:7). 이것은 하나님께서는 치유의 능력을 행하실 수 있는 분임을 보여 주는 치유의 표적이었다. 주님께서는 치유의 하나님이시다(15:26). 치유는 이스라엘과 연관된 표적이다. 이스라엘은 표적으로 시작된 민족이고, 표적으로 인도되는 민족이다. 치유의 표적을 보여 주신 이유는 이집트(세상의 예표)에 거주하고 있는 이스라엘 백성들이 이 세상의 "죄"와 "질병"에 노출되어 있기 때문인데, 하나님께서는 그들의 죄와 질병을 "치유"하시는 분인 것이다(문둥병은 죄를 예표함).

3) 강물을 피로 바꾸는 표적(4:9) : 이것은 하나님의 엄중한 심판을 보여 준다(계 16:4-7).

2. 하나님의 부르심을 회피하려 하는 모세(4:10-17)

위대한 표적들에도 불구하고, 모세는 다시 한번 하나님의 부르심을 거절한다. 이번에는 "말이 서툴다는 것"이 그 이유였다(4:10). 오래 참으시는 하나님께서는 "친히 사람의 입을 만드신 그분께서 그의 입과 함께할 것이고, 마땅히 해야 할 말을 가르쳐 주겠다."라고 위대한 약속을 해 주셨다(4:12). 그러나 모세는 더 이상 핑계 댈 말이 없으면서도 끝까지 거절한다. "주님, 제발 다른 사람을 보내 주소서"(4:13). 이에 주님께서도 모세에게 화를 내신다(4:14). 그러나 이 모든 상황을 미리 알고 계신 하나님께서는 모세를 위해 한 사람을 예비해 두셨으니, 곧 그의 형 아론이었다(4:14-17). 실제로 그는 하나님의 명령을 받고 (27절) 그곳으로 오고 있는 중이었다. 이처럼 하나님께서는 모세의 유약함을 미리 알고 계셨기에 아론을 허락하셨던 것이다.

3. 하나님의 명령을 수행하러 가는 모세(4:18-31)

이제 모세는 하나님께서 예비하신 아론과 함께 이집트로 내려간다. **그가 파라오에게 반드시 전해야 할 심판의 내용은 "하나님의 첫태생인 이스라엘을 보내지 않으면, 파라오의 첫태생이 죽는다."**는 것이었다. **『너는 파라오에게 말하기를 '주가 이같이 말하노라. 이스라엘은 내 아들이요, 내 첫태생이니라. 내가 네게 말하노니 내 아들을 가게 해서 그로 나를 섬기게 하라. 만일 네가 그를 보내기를 거절하면, 보라, 내가 네 아들, 네 첫태생을 죽이리라.' 하라." 하시니라』**(4:22,23). 이집트에 도착한 그들은 이스라엘의 모든 장로들이 모인 자리에서 표적을 행하는 가운데 하나님께서 그들의 고통을 살피셨다는 말을 전했다. 그러자 그들은 머리를 숙여 하나님께 경배했다(4:31).

■ 새롭게 깨달았거나 적용할 내용이 있다면 적어 보세요. ■

MEMO

제1과 복습문제

1. 모세의 두 번째 책, 출애굽기는 ( )의 책이다.

2. 출애굽기는 모세의 언약에 따라 ( ) 시대의 경륜이 시작되는 책이다.

3. 요셉을 모르는 "새로운 왕"(출 1:8,9)은 이집트 출신의 파라오였다.
   (O , X)

4. 예수 그리스도께서는 모세와 같은 한 ( )이셨다.

5. 소멸되지 않는 불타는 가시덤불은 신약의 하나님의 교회를 상징한다.
   (O , X)

6. 창조주이시고, 절대 주권자이시며, 온전한 거룩함과 절대적인 권세를 지니신 하나님께 부여할 수 있는 이름은 "( )이신 분"(I AM, 14절)이다.

7. 막대기를 뱀으로 만드시는 표적에서(출 4:2-5)에서 뱀은 ( )을 예표하고, 파라오 역시 ( )을 예표한다.

8. 문둥병의 표적(출 4:6-8)은 주님께서 치유의 하나님이심을 알게 해 주고, 또한 치유가 이스라엘과 연관된 표적임을 보여 준다. (O , X)

9. 강물을 피로 바꾸는 표적(출 4:9)은 하나님의 엄중한 (　　　　　　)을 보여 준다.

10. 『주께서 말씀하시기를 "여기로 가까이 다가서지 말고 네 발에서 신을 벗으라. 이는 네가 서 있는 곳이 (　　　　　　) 땅임이니라." 하시더라』 (출 3:5).

■ 새롭게 깨달았거나 적용할 내용이 있다면 적어 보세요. ■

MEMO

NOTES

제 2 과

파라오의 타협 안을 거부한 모세

(5-10장)

『주께서 모세에게 이르시기를 "파라오에게 가서 그에게 말하라. '주가 이같이 말하노라. 내 백성을 가게 하여 그들로 나를 섬기게 하라』(출 8:1).

파라오를 대면한 모세와 아론(5장)

1. 첫태생에 관한 경고의 말씀을 전하지 않은 모세(5:1-9)

모세와 아론은 파라오 앞에 서기 전, 이스라엘의 백성들과 장로들 앞에서 하나님께서 이스라엘 민족을 고통의 땅인 이집트에서 데리고 나와 약속의 땅인 카나안 땅으로 인도하실 것에 관해 표적을 보이며 말한다. 이에 백성들은 모세의 말을 믿고 머리를 숙여 경배한다(출 4:27-31). 이후 모세와 아론은 파라오에게로 간다. 그런데 파라오 앞에 선 모세는 어떤 이유에서였는지는 몰라도 파라오가 이스라엘로 가지 못하게 한다면 그의 첫태생을 죽이겠다고 경고하신 하나님의 말씀을 전하지 않는다. 그리고는 이스라엘 백성들로 가서 명절을 지키게 하라고 하신 말씀만을 전한다(1절). 이에 대한 파라오의 거부에(2절) 모세는 이스라엘이 희생제를 드리지 않으면 일어날 결과를 염려하며 희생제를 드리지 못함으로써 주께서 이스라엘을 전염병이나 칼로 치지 않게 해달라고

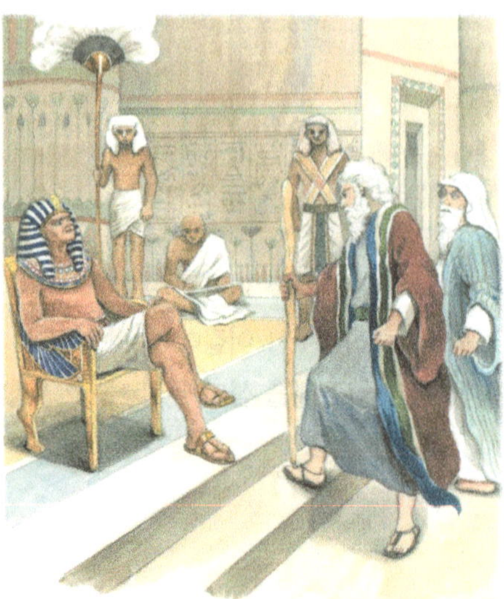

말한다(3절). 하지만 파라오는 모세와 아론이 희생제사를 구실 삼아 이스라엘 백성들을 게으르게 만드는 것으로 보았다(4절). 그래서 너희가 그들의 노역에서 그들을 쉬게 만든다며(5절) 만들어야 할 벽돌의 수는 그대로 두되, 벽돌을 만드는데 필요한 짚을 주지 않겠다고 말한다(7,8절).

모세는 하나님의 말씀을 온전히

전하지 않음으로써 엄중한 경고의 말씀을 오히려 우리로 광야로 나가 희생제를 드리지 못하게 한다면 우리가 죽을 수도 있다는 소극적인 말씀으로 만들어 버렸다. 또한 파라오가 교만하게 될 여지를 주었을 뿐만 아니라 이스라엘 백성에게 고통을 가중시키는 결과만을 낳고 만다.

파라오 앞에 선 모세의 행동에서 그리스도인이 얻을 수 있는 두 가지 영적인 교훈이 있다. 먼저 그리스도인이 두려워해야 할 대상은 오직 주 하나님 한 분이시라는 것이다. 주 하나님이 아닌 다른 누군가를, 어딘가를, 무언가를 두려워할 때 그리스도인은 자신이 두려워한 그 대상에 종속될 수밖에 없다. 그리고 하나님의 말씀과 명령에 대한 그리스도인의 "부분적인 순종"은 곧 "불순종"이라는 것이다. 성경에는 부분적인 순종이 낳은 여러 가지 폐해들이 기록되어 있다. 하지만 그리스도인은 주 하나님만을 온전히 두려워해야 하며 또한 주 하나님의 말씀과 명령에만 온전히 순종해야 한다.

2. 부분적으로 순종한 결과(5:10-23)

백성의 공사 감독자들과 관원들은 파라오의 명령대로 짚의 공급을 중단한다. 하지만 이스라엘이 바쳐야 할 벽돌의 총수는 변함없다는 것을 공표한다. 여기에서 이들이 **『파라오가 이같이 말씀하셨으니』**(10절)라고 말하는 것을 볼 수 있다. 이를 1절 말씀과 비교해 보면 파라오가 하나님을 모방하며 자신을 하나님과 같은 위치에 놓고 있는 것을 알 수 있다. 이처럼 신이 되고자 하는 인간의 욕망은 과거에서부터 오늘날에 이르기까지 지속되고 있다. 이는 지금도 "인본주의"라는 미명 아래 여전히 자행되고 있는 일이다.

한편 파라오의 명령대로 이스라엘 백성은 벽돌을 만드는데 필요한 짚을 직접 구해야 했다. 채워야 할 매일의 작업량은 동일했는데 짚을 구해야 하는 노역이 더 늘어나 버린 상황에(13,14절) 백성들은 자신들이 악한 상황에 처한 것을 깨닫게 된다(19절). 특히 이스라엘 자손들의 관원들이 짚을 주지 않더라도 만들어 바쳐야 할 벽돌의 총수는 변함이 없다는 파라오의 말을 듣고 나오다가 마주친 모세와 아론에게 온갖 비난의 말을 쏟아 낸다(20,21절). 이에 낙담한 모세는 『**어찌하여 나를 보내셨나이까?**』라고 주께 부르짖는다(22절). 사실 모세의 낙담은 부분적인 순종의 결과이다. 하지만 육신의 연약함을 아시는 하나님께서는 모세가 낙담한 것에 대해 책망하시지 않으신다. 그 대신 힘과 용기를 돋우어 주신다. 그래서 이어지는 말씀에서 이제 내가 앞으로 파라오에게 어떻게 행할지 걱정하지 말고 지켜 보라시면서 결국 이스라엘은 이집트 땅을 나오게 될 것이라고 말씀하신다.

모세의 기도에 대한 하나님의 응답(6장)

1. 이스라엘을 향한 약속들(6:1-8)

<u>하나님께서는 1절에서 모세에게 "나는 주라."라고 말씀하신다</u>. 그리고 주이신 하나님께서 친히 이스라엘에 하실 일들에 관해 말씀하신다. 아브라함과 이삭과 야곱의 전능한 하나님인 나 여호와가 그들과 더불어 언약을 맺었고, 이제 이집트 땅에서 신음하는 이스라엘 자손의 신음 소리를 듣고 그 언약을 기억하여 이스라엘 자손들로 편 팔과 큰 심판으로 구속하여 자유롭게 하고 그들을 언약의 땅으로 인도할 것이라고 말씀하신다. 그 일을 하려는 나, 나는 전능한 하

나님곧 여호와라고 말씀하신 것이다. 특히 6절 말씀을 살펴보면 하나님의 펼친 팔은 파라오에 대한 진노를 나타낼 뿐만 아니라, 골고다에서 팔을 펴심으로 하나님의 자녀들을 피로 구속하신 사실을 알 수 있다. 따라서 여기에서 이스라엘에게 주어진 약속들은 이 시대의 하나님의 자녀에게 영적으로 적용된다. 율법과 관계없는 은혜를 발견하게 되는 것이다.

이스라엘 자손에게 주신 일곱 가지 약속들

1. 이집트인의 짐 아래에서 데리고 나올 것이다(6절, 히 2:15, 갈 5:1).
2. 이집트인들의 속박에서 자유롭게 할 것이다(6절, 사 14:3, 요 8:36).
3. 편 팔과 큰 심판으로 구속할 것이다(6절, 고전 15:49, 히 11:39).
4. 내 백성으로 삼을 것이다(7절, 롬 9:25,26, 벧전 2:10).
5. 너희의 하나님이 될 것이다(7절, 호 2:23, 요 20:28).
6. 약속된 땅으로 데려갈 것이다(8절, 계 5:10, 갈 3:29).
7. 그 땅을 너희에게 유업으로 줄 것이다(8절, 롬 8:18).

2. 모세의 메시지를 거절하는 이스라엘(6:9-13)

모세가 전한 메시지는 이스라엘 백성에게 들린 바 되지 않는다. 이 세상의 짐에 억눌린 죄인들은 하나님께서 친히 행사하시겠다고 하시는(6,7,8절), 앞으로의 일들을 전혀 보지 못한다. 이 땅에서 일어나는 일에만 관심 있는 사람에게 하늘의 일에 대해 설교한다는 일은 어려운 일이다. 이러한 사람들은 이 땅을 더 살기 좋은 곳으로 만드는 것만이 유일하게 가치 있는 일이라는 관념에

<u>사로잡혀 있다. 이러한 관념에 사로잡힌 대표적인 사람들이 바로 공산주의자들과 기독교인들이다</u>. 또한 현대와 같은 물질만능주의 사회에서는 죽음 이후의 일들에 대해서 다루지 않는다. 만약 다룬다 할지라도 포괄적이고 상대적인 의견들일 뿐 그다지 진지하게 논의되지도 않는다. 영과 혼을 구분하지 못하기 때문에 때론 혼적인 능력을 영적인 것으로 착각하기도 한다. 그나마 영적으로 접근해 보려는 사람들마저도 기껏해야 점성술, 강신술, 점괘, 사탄숭배, 풍수지리 등의 이름으로 비껴가기 일쑤다.

3. 모세의 계보(6:14-30)

모세가 낙담에서 회복되는 동안 성령께서는 모세의 계보를 삽입하신다. 먼저 살펴볼 것은 이 계보에는 르우벤, 시므온, 레위의 후손들만 기록된다는 것이다. 이들 조상의 집의 우두머리들의 기록은 유다 앞에서 멈춘다. 왜냐하면 참된 제사장(히 3:1), 참된 왕(창 49:10), 곧 참된 구원자이신 구속주(Redeemer)는 유다 지파의 사자로 오실 예수 그리스도이시기 때문이다(계 5:5). 그러므로 이 계보에서 알 수 있는 것은, 교리적으로 구속(redemption)은 출애굽기에서 완성되지 않는다는 것이다. 레위 지파인 모세와 아론은 이스라엘을 구원하는 역할을 대행했을 뿐이다. 두 번째로 살펴볼 것은 르우벤과 시므온의 계보 기록은 단 두 구절에서 끝나지만(14,15절) 레위 지파를 기록하는 데는 12구절이 할당된다는 점이다. 즉 중심인물로서의 아론과 모세(출 6:28)를 설명하는 데 그 배경으로써 계보를 기록하고 있는 것이다.

MEMO

■ 새롭게 깨달았거나 적용할 내용이 있다면 적어 보세요. ■

파라오의 완악함(7:1-7)

출애굽기 7:1-7의 말씀은 5,6장의 내용을 되풀이하는 말씀이다. 그 가운데 하나님께서는 파라오의 마음을 완악하게 만드실 것에 관해 말씀하신다(3절). 성경에서 말씀하시는 완악함(hardness)은 마음이 굳어져 하나님의 말씀을 받아들이지 않는 마음의 악한 상태를 나타낸다. 사실 파라오는 출애굽기 5:2에서 보듯 처음부터 마음이 완악한 상태였다. 이후로 하나님의 능력과 표적을 보고서도 그의 완악한 마음을 돌이키지 않았다. 오히려 스스로 그의 마음을 더욱 완악하게 만들었다(출 7:22; 8:15,19,32; 9:7;34). 주님께서는 파라오가 자신의 마음을 스스로 완악하게 만드는 가운데 그를 더욱 완악하게 만드셔서 파라오로 하여금 재앙과 심판을 면하지 못하게 하신 것뿐이다(출 7:13. 9:12, 10:27, 14:4).

『주께서 자비로운 자에게는 주의 자비하심을 보이시고 정직한 자에게는 주의 정직하심을 보이실 것이요, 순결한 자에게는 주의 순결함을 보이시고 완고한 자에게는 주의 완고하심을 보이시리니』(시 18:25,26).

파라오는 하나님께서 재앙을 거두시면 이전의 완악함으로 돌아가 하나님의 선하심과 관용과 오래 참으심의 풍성함을 무시했다(롬 2:4). 만약 파라오가 최소한 하나님께서 행하신 표적을 보고 돌이켰다면 그의 마음이 완악하게 되는 일도, 또한 주님께서 그의 마음을 완악하게 만드셔서 그로 재앙을 당하게 만드실 일도 없었을 것이다. 하지만 인간의 완악함은 대환란 기간에 극심한 고통을 당하면서도 회개하지 않고 오히려 하나님을 모독하는 모습에서도 볼 수 있듯이(계 16:10,11) 파라오 뿐만 아니라 인간에게 보편적으로 내재되어 있는 악이다. 따라서 그리스도인들도 죄의 속임수에 빠져 그의 마음이 완악하게 되는 일이 없도록 유의해야 할 것이다(히 3:13).

파라오의 타협안

그는 세상으로 예표되는 이집트의 "신"이었다. 따라서 용(겔 29:3), 앗시리아인(겔 31:3), 그리고 사자(겔 32:2)로 묘사되는 파라오는 사탄과 적그리스도의 예표가 된다(계 12:9, 사 10:5, 벧전 5:8). 이와 같은 파라오는 이스라엘을 놓아주기 싫었기 때문에 네 개의 교묘한 타협안을 내놓는다. 이 타협안들은 사탄이 모든 시대에 걸쳐 하나님의 자녀를 다룰 때 쓰는 미끼이기도 하다.

1. 이 땅에서 희생제를 드리라(8:25)

<u>파라오는 이제 "가서 '너희 하나님'을 섬기는 것은 좋으나, 이 세상 가운데 있으면서 섬기라"고 말한다</u>. 곧 하나님을 섬기면서 동시에 이 세상의 순리도 따르고 세상의 친구도 되라는 것이다. 하지만 세상과 친구가 되는 것은 하나님과 원수가 되는 것이다(약 4:4). 그리스도인은 예수 그리스도와 마찬가지로 세상에 속하지 않은 사람들로(요 17:14,16) 세상도 세상에 있는 것들도 사랑하지 말라는 명령을 받는다(요일 2:15). 따라서 성도는 세상과 분리되어야 하고 온전한 성별을 이루어야 한다(고후 6:17). 파라오의 타협안에 대해 모세는 주께서 우리에게 명령하시는 대로(출 8:27) 행하겠다고 답한다.

2. 너무 멀리가지 말고 나를 위하여 간구하라(8:28)

모세의 담대함에 한 발짝 물러선 파라오는 "그래, 그러면 세상을 떠나는 것은 좋은데, 다만 너무 멀리만 가지 말라."는 식으로 회유하고 있다. 다시 말해 하나님을 섬기되 적당히 섬기라는 것이다. "너무 광신자가 되지 마라!" "세상의 것들을 포기할 필요는 없지 않는가?" "너무 진지할 필요는 없지 않는가?" 하지만 하나님께서는 그리스도인의 성별을 원하신다(레 20:1-5). 절대로 두 주인을 동시에 섬길 수 없다(막 6:24, 눅 16:13). 반드시 파라오에게서 멀어져야만 하나님께 온전히 다가갈 수 있는 것이다.

3. 너희 남자들만 가서 주를 섬기라(10:11)

파라오는 마치 광야에서 이스라엘의 어린 것들에게 악한 일이라도 생길 것을 염려하는 것처럼 말하고 있다. 하지만 파라오의 속마음은 이들을 볼모로 잡고 이스라엘을 내보내고 싶지 않은 것이다. 주님을 따르는 믿음의 길에서도 마귀는 이와 같은 타협안을 내어 놓는다. 내 아버지, 내 가족이 주님을 따르는 길에서 발목을 잡을 수 있는 것이다(눅 9:57-62).

4. 너희의 양떼와 소떼는 남겨 두고 너희 어린 것들과 함께 가라(10:24)

파라오는 이스라엘의 물질적인 부를 붙잡아 두어 주님을 위해 사용하지 못하도록 하고 있다. 적어도 뿌리는 남겨 두라는 것이다. 하지만 주님께서 베풀어 주신 것은 모두 주님의 것이다(막 12:17). 뿐만 아니라 보물이 있는 곳에 우리의 마음이 있다(마 6:21). 그래서 모세는 파라오에게 한 마리도 뒤에 남겨 둘 수 없다고 담대히 말한다(출 10:26).

세상과 성별하여 주님을 신실하게 섬기려고 하는 그리스도인들에게도 마귀는 이와 동일한 타협안을 내어 놓는다. 특히나 우리가 주님께 경배드리며 헌신하고자 할 때, 마귀는 더욱 교묘한 타협안을 제시하며 그리스도인으로 주님을 온전히 섬기지 못하도록 방해하는 것이다. 따라서 그리스도인들은 이러한 마귀의 전략과 전술을 잘 깨닫고 알아야 한다. 그리고 모세가 파라오의 모든 타협안들을 거절했듯이 그리스도인들도 마귀의 모든 타협안들을 단호하게 거절할 수 있어야 할 것이다.

MEMO

■ 새롭게 깨달았거나 적용할 내용이 있다면 적어 보세요. ■

제2과 복습문제

1. 그리스도인이 두려워해야 할 대상은 주 하나님 한 분이시다. (O , X)

2. 하나님의 말씀과 명령에 대한 "부분적인 순종"은 곧 (   )과 같다.

3. 성경에는 하나님께서 파라오의 마음을 완악하게 하셨다는 표현이 나오지만, 사실 파라오는 하나님께서 개입하시기 전에 이미 그의 마음이 완악해져 있는 상태였다. (O , X)

4. 『오직 오늘이라고 부르는 동안 매일 서로 권면하여 너희 중 아무도 죄의 속임수에 빠져 (   ) 되는 일이 없도록 하라』(히 3:13).

5. 파라오의 타협안은 당대의 이스라엘에게 적용될 뿐, 현 시대의 그리스도인들과는 아무런 관계가 없다. (O , X)

■ 새롭게 깨달았거나 적용할 내용이 있다면 적어 보세요. ■

MEMO

NOTES

제 3 과

대환란의 예표, 열 가지 재앙

(7-11장)

『내가 내 손을 이집트 위에 뻗쳐 그들 가운데서 이스라엘 자손들을 데리고 나올 때 이집트인들은 내가 **주**인 줄 알리라." 하시니라』(출 7:5).

이집트에 내린 열 가지 재앙

이집트 대탈출의 밤이 오기까지 펼쳐졌던 열 가지 재앙은 주 하나님께서 모든 신들보다 위에 계심을 증명했다(출 18:10,11). 그것은 이집트의 거짓 신들에 대한 하나님의 심판이었으며(민 33:4), 주 하나님의 강력한 능력을 공개적으로 보여 준 사건이었다(출 9:16). 『**오 주여, 신들 가운데 누가 주와 같으리이까? 누가 주와 같이 거룩함이 영화로우며 찬양받을 만큼 두려우며 이적들을 행하리이까?**』(출 15:11) 이집트의 열 가지 재앙은 이스라엘 자손들의 믿음을 확고히 하기 위해 계획된 것이었다. 약 400년 동안 우상의 땅에 살면서 주 하나님을 잊어버렸던 그 민족 앞에서 우상들을 심판하시는 하나님의 능력을 보여 주심으로써, 이스라엘에게 주 하나님의 존재와 전능한 능력을 증명하신 것이다. 이 이집트의 열 가지 재앙은 교리적으로 대환란을 예표한다.

갈수록 그 강도가 늘어가는 열 가지 재앙

『나의 표적들과 나의 이적들을 이집트 땅에서 늘려 행하겠으나』(출 7:3, cf. 출 11:9).

하나님께서 이집트 땅에 내리신 열 가지 재앙을 순서대로 나열하면 다음과 같다. ① 물이 피로 변함(7장)⚠, ② 개구리들의 재앙(8장)⚠, ③ 이의 재앙(8장), ④ 파리떼의 재앙(8장)⚠, ⑤ 가축들의 죽음(9장)⚠, ⑥ 종기의 재앙(9장), ⑦ 우박의 재앙(9장)⚠, ⑧ 메뚜기들의 재앙(10장)⚠, ⑨ 어두움의 재앙(10장), ⑩ 첫태생의 죽음(12장). 이 열 가지 재앙 중에서 "경고"(⚠)가 주어지는 재앙들이 있는 반면, 밑줄 재앙들(③,⑥,⑨)에는 경고가 없다.

각각 짝이 있어 상호 대칭을 이루는 재앙들

처음 재앙과 마지막 재앙을 각각 짝으로 연관시켜 보면(①과⑩, ②와⑨, ③과⑧, ④와⑦, ⑤와⑥) 재앙들 상호간에 분명한 대칭이 있다.

① 물이 피("죽음")로 바뀜	⑩ 첫태생의 "죽음"
② 개구리("밤"의 생물)의 재앙	⑨ 땅을 뒤덮은 "어두움"
③ 흙을 이로 바꿈 "이것은 하나님의 손길이니이다" (마법사들, 출 8:19).	⑧ 메뚜기의 재앙 "내가 주 너희 하나님과 너희에 대하여 죄를 지었도다"(파라오, 출 10:16).
④ 이스라엘 자손들이 있는 고센 땅이 파리 떼의 습격에서 제외됨	⑦ 이스라엘 자손들이 있는 곳이 우박의 재앙에서 제외됨
⑤ 가축들의 죽음 이집트인의 가축들이 공격을 받음 (출 9:3)	⑥ 종기의 재앙 이집트인의 가축들이 공격을 받음 (출 9:9)

이집트에 내려진 열 가지 재앙은 이집트인들로 하여금 그들의 노예들인 이

스라엘 자손들의 하나님이 주이심을 알게 했다. 『**내가 내 손을 이집트 위에 뻗쳐 그들 가운데서 이스라엘 자손들을 데리고 나올 때 이집트인들은 내가 주인 줄 알리라**』(출 7:5). 이 말씀은 출애굽기 9:27,28; 10:7; 11:3; 12:31,32 말씀에서 각각 성취된다.

이집트 마법사들의 등장을 허용하신 이유

주 하나님께서 자신을 이집트인들과 이스라엘 앞에 공개적으로 드러내시기 위해서는 "비교 대상"이 필요했다. 그래서 "안네와 얌브레"(딤후 3:8)로 대표되는 이집트의 마법사들을 대적자들로 허락하셨던 것이다.

1. 마법사들이 그들의 신들의 이름으로 행하는 기적들을 하나님 앞에서 철저히 무너뜨리셨다.

주님께서 모세를 통해 행하시는 능력이 이집트의 거짓 신들보다 훨씬 월등하다는 점을 증명하시기 위해서이다. 또한 주님께서 이집트의 우상 숭배를 증오하신다는 점을 증명하시기 위해서이다.

2. 마법사들은 "세 번"에 걸쳐 그들의 능력을 보이도록 허락되었다.

먼저 막대기를 뱀으로 바꾸었다(출 7:12). 다음으로 물을 피로 바꾸었다(출 7:22). 그리고 마지막으로 개구리를 가져왔다(출 8:7). 그러나 그들은 더 이상 나아가지 못했다.

3. 마법사들이 행한 기적들의 "부정적" 의미

막대기를 뱀으로 바꾼 것은 사탄의 능력을 나타내 보인다. 물을 피로 바꾼 것은 죽음을 가져오는 것을 의미한다. 그리고 개구리를 가져왔던 것은 마귀의 불결함을 나타내 보이고 있다(cf. 계 16:13 - "개구리 같은 더러운 세 영")

4. 마법사들이 "흉내 내지 못했던" 네 번째 기적

마법사들이 사탄의 힘을 빌려서 흉내 냈던 기적들은 "**이미 만들어진 것으로 또 다른 것을 만드는 일**"이었다. 하지만 그들은 "**흙으로 이를 만드는 기적**"(출 8:17,18)을 흉내 내지 못했다. 왜냐하면 흙으로 이를 만드는 일은 "**원래의 창조**"에 속하기 때문이다. "**흙에서 생명을 만들어내는 창조**"(창 1:24,25; 2:7)는 하나님의 고유 영역이다. 네 번째 기적에 대한 마법사들의 고백은 패배를 인정하는 것이었다. 『**이것은 하나님의 손길이니이다**』(출 8:19). 이후로 그들은 꼬리를 감추고 등장하지 않는다.

대환란의 예표가 되는 열 가지 재앙

1. 첫 번째 재앙은(7:14-25) 나일 강물을 "피"로 바꾸는 재앙으로 "죽음"을 경고하셨다. ⚠

첫 번째 재앙은 "**물을 피로**" 변하게 하는 재앙이다. 『**모세와 아론이 주께서 명령하신 대로 그렇게 행하여 아론이 파라오와 그의 신하들의 목전에서 막대기를 들어 올려 강에 있는 물을 치니 강에 있는 물이 다 피로 변하더라. 그리고 강에 있는 물**

고기들이 죽고 강에서 악취가 나니 이집트인들이 그 강물을 마실 수 없게 되니라. 이집트 땅 전역에 피가 있더라』(출 7:20,21).

피로 바꾸는 재앙은 곧 죽음을 의미하는 것으로 이는 죄의 삯은 사망이라는 하나님의 엄중한 경고이다(롬 6:23). 이는 전능하신 하나님께 도전하는 자들을 기다리고 있는 죽음을 경고해 준다.

"첫 번째 재앙"과 대환란 – "피"와 함께하는 재앙들

『또 내가 보니 어린양이 여섯째 봉인을 여실 때, 보라, 큰 지진이 나며 해가 머리털로 짠 천같이 검어지고 달은 피처럼 되었으며』(계 6:12). 『첫째 천사가 나팔을 부니, 피가 섞인 우박과 불이 따르더라... 둘째 천사가 나팔을 부니, 거대한 산이 불에 타서 바다에 던져지는 것 같더니 바다의 삼분의 일이 피가 되더라』(계 8:7,8).

혹자는 이집트의 마법사들은 그들의 주문으로 똑같은 기적을 행하는데 이집트의 모든 물이 피로 변한 마당에, 마술에 쓸 물을 어디에서 구했을지 의문을 제기하기도 한다. 하지만 출애굽기 7:24 말씀을 보면 『**모든 이집트인들이 마실 물을 얻으려고 강가를 두루 팠으니**』라고 말씀하신다. 이 말씀에 비추어 볼 때 이집트의 마법사들 역시 마법에 쓸 물을 구하려고 "강가를 팠을 가능성"이 크다.

2. 두 번째 재앙(8:1-7)은 개구리의 재앙으로 우상 숭배를 겨냥하셨다.

두 번째 재앙과 첫 번째 재앙 사이의 시간

간격은 "7일"이다(출 7:25). 하나님께서 시간적 간격을 두신 것은 파라오에게 충분한 회개의 기회를 주시기 위해서였다.

첫 번째 재앙에서 이집트인들이 신성하게 여기는 나일 강을 비린내 나는 피로 바꾸신 것은 그들이 나일강의 신이라며 섬기는 "**크눔**"을 치신 것이다. 아울러 이집트에서는 그들이 생명과 다산의 여신으로 숭배하는 "**헤케트**"라는 신이 있다. 그 모습이 개구리 모습으로 묘사되는데, 두 번째 재앙에서는 이 개구리를 불러내 이집트 전역을 덮게 하셔서 그들의 "**징그러운 신들**"로 인해 괴롭힘을 당하게 하셨다(출 8:2-4). 이 두 번째 재앙에서 파라오는 모세와 아론을 불러 개구리들을 치워 달라고 간청한다(출 8:8). 이에 개구리들을 언제 멸하여 강에만 있게 할지 묻자 파라오는 『**내일이니라.**』(출 8:9)라고 대답한다. 여기서 휴 파일 목사는 "**개구리들과 하룻밤 더**"라는 주제로 설교를 했는데 파라오의 답변에서 멸망할 죄인들이 복음에 대해 보이는 반응을 엿볼 수 있다. 즉 예수님 영접하기를 뒤로 미루며 죄를 조금 더 즐기겠다는 것이다.

"두 번째 재앙"과 대환란 - "개구리" 같은 악령들의 역사

『여섯째 천사가 자기 호리병을 큰 강 유프라테스에 쏟으니 강물이 말라 버려서 동방의 왕들의 길이 예비되더라. 또 내가 보니, **개구리 같은 더러운 세 영이 용의 입과 짐승의 입과 거짓 선지자의 입에서 나오는데 그들은 기적들을 행하는 마귀들의 영들이라.** 그 영들은 이 땅과 온 세상의 왕들에게로 가서 전능하신 하나님의 위대한 날의 전쟁을 위하여 그 왕들을 모으더라』(계 16:12-14).

성경에서 "**개구리**"는 더럽고 불결한 의미를 지닌다. 더럽다는 것은 마귀가 하는 일의 성격을 나타내는 것이다. 이 두 번째 재앙에서 이집트의 마법사들은 백성들이 개구리로 고통을 당하고 있는 마당에 개구리를 더 가져온다(출 8:7). 그러나 마법사들은 개구리들을 가져올 수는 있어도 제거할 수는 없었다! 즉 "**이 세상의 신**"(고후 4:4)인 사탄은 악을 없애거나 그것의 진행을 억제할 수 없다는 것이다. 다만 "**악을 증가시키는 일만**" 할 뿐이다.

3. 세 번째 재앙은(8:16-19) 이의 재앙으로 "우상 숭배"에 대한 심판이다.

"**아무런 경고 없이**" 땅의 흙이 생명을 가진 역겨운 해충이 된다. 이것은 이집트인 개개인을 목표로 하고 있다. 하나님께서는 그들의 신체가 이로 덮이게 하셔서 이집트인들의 육신적인 자만을 심판하신다. 특히 "**이집트 제사장들**"은 우상 숭배 의식을 수행하는 동안 해충이 몸에 숨어들까봐 3일에 한 번씩 머리와 몸을 면도했는데, 이 재앙은 우상 숭배를 위한 이들의 정결 행위를 심판하는 것이었다.

> 『마법사들이 자기들의 마법으로 이를 만들어내려고 그렇게 행하나 그들이 할 수 없었고』(8:18).

사탄은 무생물에 생명을 줄 수 있고(계 13:15), 또 태어나게 할 수도 있다(창 3:15, 요 8:44, 살후 2:1-3). 하지만 흙에서 생명을 창조해 내는 원래의 창조는 할 수 없다. 그래서 마법사들은 그들의 마법으로 이를 만들어 내지 못한다. 이에 이들은 파라오에게 이 재앙이 『**하나님의 손길**』(the finger of God)에서 비롯된 것임을 말한다. 하나님의 손길은 누가복음 11:20을 통해서 볼 때 "**성령**"을 가리킨다. 『**그러나 만일 내가 하나님의 손길로 마귀들을 쫓아낸다면 그때에는 하나님**

의 나라가 너희에게 임한 것이 분명하도다』(눅 11:20). 이와 같은 상황을 기록하고 있는 마태복음에서는 『**하나님의 영을 힘입어**』(마 12:28) 마귀들을 쫓아낸다고 말씀하시는데 이것은 단순한 권능에 대한 표현을 넘어선다. 한편 "**이의 재앙**"까지 이스라엘 자손들은 이집트인들과 똑같이 재앙을 겪는다. 그들 역시 그들 자신의 죄에 대한 대가를 받아야 했기 때문이다.

"세 번째 재앙"과 대환란 - 짐승을 숭배한 자들의 몸을 치심!

『그러므로 첫째가 가서 자기 호리병을 땅에 쏟으니 그 짐승의 표를 가진 자들과 그의 형상에 경배한 자들 위에 악취가 나는 심한 헌데가 생기더라』(계 16:2, cf. 계 13:14,15). 『넷째 천사가 자기 호리병을 해에 쏟으니, 해에게 불로 사람들을 태우는 권세가 주어지더라. 그리하여 큰 열기로 사람들을 태우니 그들이 이러한 재앙에 권세를 가진 하나님의 이름을 모독하더라. 그들이 회개하지 아니하고 그분께 영광을 돌리지 아니하니라』(계 16:8,9).

4. 네 번째 재앙은(8:20-32) 파리떼의 재앙으로, 파리는 날개 달린 "악령"을 상징한다. ⚠

네 번째 재앙을 기점으로 일련의 새로운 재앙이 시작되는데, 파리떼의 재앙부터 하나님의 백성과 이집트인들 사이에 "구별"을 두기 시작하신다. 『**내가 내 백성과 네 백성 사이에 구별을 두리니 내일 이 표적이 있으리라**』(출 8:23). 이집트인들의 땅과 재산은 파괴하시되, 이스라엘 자손은 제외시키시는 것이다. "**내 백성과 네 백성 사이의 구별**"을 두시는 것은 예수님께서 세상에 오신 목적 중 하나다.

『내가 땅 위에 화평을 주러 왔다고 생각하느냐? 내가 너희에게 말하노니 아니라, 오히려 분쟁케 하러 왔노라』(눅 12:51).

이를 통해 에큐메니칼 운동은 비성경적인 연합 운동임을 알 수 있다. 성경적인 연합과 결속은 예수 그리스도의 몸(요 17:21), 곧 진리 안에서만 이루어진다. 한편 파리떼의 재앙은 이집트 온 땅을 썩게 만들었다(출 8:24). 이는 악령들이 죄로 세상을 부패시킨 모습으로 비견된다. 아닌 게 아니라 "파리떼는 날개 달린 악령들"을 상징한다(cf. 눅 8:5,12) 초림 때 예수님께서는 "비엘세붑"(파리들의 주)이라 불리며 모독당하셨다(마 10:25, 막 3:22).

"네 번째 재앙"과 대환란

- 대환란 때 "악령들"의 소굴인 큰 바빌론을 심판하심

『그가 큰 음성으로 힘있게 외쳐 말하기를 "큰 바빌론이 무너졌도다, 무너졌도다, 마귀들의 거처가 되었고 온갖 더러운 영의 소굴이요, 모든 더럽고 가증한 새의 소굴이로다』(계 18:2).

5. 다섯 번째 재앙은(9:1-7) 가축들에 전염병이 도는 재앙이다. 이는 "거짓 신들"과 "재산"에 대한 심판이다.

이제 하나님께서는 사람뿐만이 아니라 짐승까지도 "구별"하신다(출 9:6). 여기서 우리는 하나님께서 창조하신 피조 세계를 완벽하게 통제하시는 주님의 모습을 볼 수 있다.

『오직 네가 네 눈으로 보게 되리니 악인의 보응을 보리로다. 네가 나의 피난처이신 주, 곧 지극히 높으신 분을 네 처소로 삼았으므로 어떠한 재앙도 네게 닥치지 못하며 어떠한 전염병도 네 장막에 가까이 가지 못하리라』(시 91:8-10).

이 심판은 두 가지 의미를 가지고 있다. 먼저 이집트인들의 모든 말들과 나귀들과 낙타들과 소들과 양들이 죽었다. 즉, 이집트인들의 신들과 우상 숭배에 대해 심판하신 것이다(출 12:12, 판 8:21,26). 그리고 하나님께서는 거듭나지 않은 자들의 노동을 받아들이지 않으신다는 사실을 알 수 있다(잠 21:4). 하지만 이스라엘 자손의 가축은 아끼셨는데, 이는 성도가 새 성품으로 일한 것은 영속할 것임을 암시해 주고 계신다(고전 3:14).

"다섯 번째 재앙"과 대환란

- 우상에 대한 심판 + 죄인들의 노동 심판, 세계 경제의 붕괴

1. <u>우상</u> : 『그러나 <u>그 짐승이 잡히고, 짐승 앞에서 기적들을 행하던 거짓 선지자도 그와 함께 잡혔으니</u> 그는 짐승과 더불어 그 짐승의 표를 받은 자들과 그의 형상에 경배한 자들을 속이던 자라. 이 둘이 유황으로 불타오르는 불못에 산 채로 던져지더라』(계 19:20).

2. <u>경제의 붕괴</u> : 『첫째 천사가 나팔을 부니, 피가 섞인 우박과 불이 따르더라. 그것들이 땅에 쏟아지니 <u>나무의 삼분의 일이 타버리고 모든 푸른 풀도 타버리더라</u>. 둘째 천사가 나팔을 부니, 거대한 산이 불에 타서 바다로 던져지는 것 같더니 <u>바다의 삼분의 일이 피가 되더라</u>. 또 <u>바다에 있는 생명</u>

을 가진 피조물들 삼분의 일이 죽고 배들의 삼분의 일이 파괴되더라』(계 8:7-9). 『음성들과 천둥들과 번개들이 있었고 또 큰 지진이 일어났는데, 그 지진이 너무도 엄청나서 사람이 땅에 거주한 이래로 그처럼 강력하고 큰 지진은 일찍이 없었더라』(계 16:18). 이로 인해 농업, 축산업, 낙농업, 임업, 건축업, 수산업, 해양 운송, 항공업 등이 붕괴된다.

6. 여섯 번째 재앙은(9:8-12) 종기의 재앙으로, 거짓 신들과 그 숭배자들에 대한 심판이다.

세 번째 재앙과 마찬가지로 여섯 번째 재앙도 아무런 경고 없이 보내진다. 모세가 가마의 재를 두 움큼 쥐고 파라오 앞에서 하늘을 향하여 뿌리자, 이집트 온 땅에 걸쳐 사람과 짐승 위에 물집이 잡히는 종기가 생긴다. 이것은 신명기 28:27에서 말하는 "이집트의 종기"다. 이에 대한 증상을 보면, 염증이 생겨 부풀어 올라서 피부에 물집이 잡히는 것을 볼 수 있다. 이것은 요한계시록 16:2에 나오는 "**심한 헌데**"와 레위기 13,14장에서 언급되고 있는 "**문둥병**"과 관련이 있다(레 13:2,8,20,24,25,43).

"여섯 번째 재앙"과 대환란 – 짐승을 숭배한 자들의 몸을 치심!

『그러므로 첫째가 가서 자기 호리병을 땅에 쏟으니 그 짐승의 표를 가진 자들과 그의 형상에 경배한 자들 위에 악취가 나는 심한 헌데가 생기더라』(계 16:2, cf. 계 13:14,15). 『넷째 천사가 자기 호리병을 해에 쏟으니, 해에게 불로 사람들을 태우는 권세가 주어지더라. 그리하여 큰 열기로 사람들을 태우니 그들이 이러한 재앙에 권세를 가진 하나님의 이름을 모독하더라. 그들이 회개하지 아니하고 그분께 영광을 돌리지 아니하니라』(계 16:8,9).

7. 일곱 번째 재앙은(9:18-35) 우박의 재앙이다.

『보라, 내일 이맘때에 내가 아주 심한 우박을 내리리니... 모든 사람과 짐승 위에 우박이 내리리니, 그러면 그들이 죽으리라』(출 9:18,19). 재앙이 시작된 이후 처음으로 인간의 생명이 위협받고 있는데, 이는 파라오에 대한 완전한 심판을 끝내기 전부터 "죽은 사람들"이 있을 것임을 암시해 준다. 이 재앙으로 이집트 온 땅에서 그와 같은 것은 이전에 한 번도 없었던 "아주 심한 우박"이 떨어진다. 천둥이 치는 가운데 매우 심한 불이 우박과 섞여 내리고 불이 땅 위를 달린다. 이로써 죄에 대한 하나님의 진노를 여실히 보여 주신다. 파라오는 이러한 현 상태를 모면하려는 거짓 고백을 한다. 그리고 자신의 죄를 고백하고는 기도를 청한다(28,29절). 하지만 우박이 멈추자 마음을 바꾼다(34절). 성경에는 발라암(민 22:34), 사울왕(삼상 15:24), 마술사 시몬(행 8:24), 여로보암(왕상 13:6) 등 많은 사람들이 기도로 단지 현 상황을 모면하려고 애쓰는 모습을 볼 수 있다. 하지만 진정한 회개와 돌이킴이 동반되지 않는 기도는 하나님께 상달되지 않는다는 것을 알아야 한다.

"일곱 번째 재앙"과 대환란 – 하늘로부터 우박으로 땅을 치심

『첫째 천사가 나팔을 부니, **피가 섞인 우박과 불**이 따르더라. 그것들이 땅에 쏟아지니 나무의 삼분의 일이 타버리고 모든 푸른 풀도 타버리더라』(계 8:7). 『또 **무게가 각기 한 달란트나 되는 큰 우박이 하늘로부터 사람들 위에** 떨어졌는데, 사람들은 그 우박의 재앙 때문에 하나님을 모독하니 이는 그 재앙이 심히 크기 때문이라』(계 16:21).

8. 여덟 번째 재앙은(10:1-20) "메뚜기"의 재앙이다.

메뚜기 재앙에 관해서는 시편에서도 자세하게 기록하고 있다(시 105:34,35). 이집트 메뚜기들은 일반 메뚜기보다 크며, 한 번 몰려들면 약 15cm의 두께로 쌓인다. 이 정도의 두께는 메뚜기들을 몰아내기 위해 피워 놓은 불도 꺼버릴 정도의 두께이다. 떼를 지어 날아다니면 하늘을 뒤덮어 햇빛을 차단하기도 한다. 100에이커(축구장 200개 넓이) 면적의 농작물을 30분도 채 안 걸려 해치우기도 한다. 한마디로 말해서 이 재앙으로 이집트의 재산이 완전히 바닥나고 있는 것이다.

MEMO

■ 새롭게 깨달았거나 적용할 내용이 있다면 적어 보세요. ■

"여덟 번째 재앙"과 대환란
- 끝없이 깊은 구렁에서 올라오는 초자연적인 메뚜기들의 재앙

『그가 끝없이 깊은 구렁을 여니, 큰 용광로의 연기 같은 연기가 구렁에서 올라오는데 해와 공기가 그 구렁의 연기로 말미암아 어두워지더라. 또 그 연기에서 메뚜기들이 땅 위로 나왔는데 땅의 전갈들이 지닌 권세와 같은 권세를 받더라. 그들에게 명령이 내려지기를 땅의 풀이나 또 어떤 푸른 것이나 어떤 나무도 해치지 말고 다만 그들의 이마에 하나님의 인장으로 표시받지 아니한 사람들만 해치라고 하더라』(계 9:2-4).

9. 아홉 번째 재앙은(10:21-29) 어두움의 재앙이다.

이집트에서 태양은 "라"(Ra)라는 이름으로 숭배받는다. 이 재앙으로 인해 이집트 최고의 신인 "라"가 어둡게 되어 그 영광이 땅에 떨어진다. "라"의 무능력함이 증명된 것이다. 태양보다 강하신 창조주 하나님께서 태양을 마음대로 다루고 계신다. **『그러나 모든 이스라엘 자손들은 그들의 거처에 빛을 가졌더라』**(23절). 그리스도인 또한 빛의 자녀요 낮의 자녀로(엡 5:8, 살전 5:5) "질그릇이라 불리는 장막 집"에 "빛"을 가지고 있다(고후 4:6,7; 5:1). 하나님의 성전인 그리스도인의 몸에 "성령님"께서 내주하고 계신 것이다(고전 6:19). 따라서 성령이 없는 죄인들은 그들 안의 어두움이 심히 큰 것이다. **『그러므로 네 안에 있는 빛이 어두움이 되면 그 어두움이 얼마나 크겠느냐?』**(마 6:23)

"아홉 번째 재앙"과 대환란
- 흑암에 싸이는 적그리스도의 왕국

『넷째 천사가 나팔을 부니, 해 삼분의 일과 달 삼분의 일과 별들의 삼분의 일이 강타를 당하여 그것들의 삼분의 일이 어두워지니 낮이 그 삼분의 일 동안 비치지 못하고 또 밤도 마찬가지더라』(계 8:12). 『다섯째 천사가 자기 호리병을 짐승의 자리에 쏟으니, 그의 왕국이 흑암에 싸이며 그들이 고통으로 인하여 자기 혀를 깨물고 자신들의 고통과 헌데로 인하여 하늘에 계신 하나님을 모독하되 자기들의 행위는 회개치 아니하더라』(계 16:10,11).

10. 열 번째 재앙은(11,12장) 첫태생이 죽는 재앙이다. 죽음의 천사가 활동한다.

『내가 이제 파라오와 이집트 위에 한 가지 재앙을 더 내리리니』(출 11:1). "전염병"으로 치실 것을 여섯 번째 재앙과 일곱 번째 재앙 사이에 미리 경고하셨다(출 9:15).

마지막 한 가지 재앙에 있어서는 주님이 아닌 "멸망시키는 자"(출 12:12,23, 계 9:11)가 죽이는 일을(히 2:14) 수행한다. 이 "멸망시키는 자"는 요한계시록 9:11의 죽음의 천사인 아바돈(아폴루온 = destroyer)이다. 마지막 재앙에 치명적인 질병이 사용되었다는 증거로는 "사무엘상 5:9,11; 6:4,5,6"을 제시할 수 있다.

✓ 이스라엘의 하나님의 궤가 가드로 옮겨지자, 주님께서 그 성읍 사람들의 은밀한 부분에 "악성 종기"가 나게 하셔서(삼상 5:9) 온 성읍에 "죽음의 환난"이 임하게 하셨다(삼상 5:11). 일이 이렇게 되자 필리스티아인들의 군주들은 『어찌하여 너희가 이집트인과 파라오가 그들의 마음을 완악하게 하였던 것처럼 너희 마음을 완악하게 하겠느냐? 그가 그들 가운데서 기이하게 행하신 후 그들이 그 백성을 가게 하지 아니하였느냐?』(삼상 6:6)라며 금 종기 다섯과 금 쥐 다섯을 만들어 이스라엘의 하나님께 영광을 돌리자고 제안한다(삼상 6:4,5). "죽음의 환난"이 "종기"라는 "질병"으로 임한 상황에서 이집트인, 특히 "파라오"를 언급했다는 것은, 파라오의 첫태생을 비롯한 이집트의 모든 첫태생들이 "질병으로 죽임을 당했다"는 것을 암시한다. 여섯 번째의 종기 재앙에서는 아무도 죽지 않았다. 따라서 질병과 죽음을 관련시킬 수 있는 것은 열 번째 재앙이다. 열 번째 재앙에서는 첫태생들이 죽은 것이다.

이후 이스라엘 자손들은 이집트를 나올 때 단순히 가도록 "허락"받은 것이 아니라, 짐을 머리에 이고 손에 들고 쫓겨난다. 『**그가 반드시 너희를 다 함께 여기서 쫓아내리니**』(출 11:1). 주님께서는 이스라엘로 하여금 이웃 이집트인들에게서 은패물과 금패물을 빌리게 하신다. 『**이제 백성들의 귀에 말하여 모든 남자들로 자기 이웃에게, 모든 여자들도 자기 이웃에게서, 은패물과 금패물을 빌리게 하라**』(출 11:2). 이 "은패물과 금패물"은 후에 성막을 건립하게 될 때 사용되어질 재료들이다.

■ 새롭게 깨달았거나 적용할 내용이 있다면 적어 보세요. ■

MEMO

"열 번째 재앙"과 대환란

- 초자연적인 메뚜기들의 왕인 아바돈(아폴루온)으로 인한 재앙

『그들에게는 전갈과 같은 꼬리가 있고, 그들의 꼬리에는 쏘는 침이 있으며 다섯 달 동안이나 사람들을 해치게 하는 권세가 있더라. 또 그들에게는 자기들을 다스리는 왕이 있으니 끝없이 깊은 구렁의 천사요, 그의 이름은 히브리어로 아바돈이며 헬라어로 그의 이름은 아폴루온이더라』(계 9:10,11).

아바돈(아폴루온)은 욥기 18:13에서 "멸망"이라 불리는 "사망의 첫태생"이다. **『멸망이 그의 피부의 힘을 삼킬 것이니, 즉 사망의 첫태생이 그의 힘을 삼킬 것이라』**(욥 18:13). 죽음의 세력을 가진(히 2:14) 이 "사망의 첫태생"이 이집트의 첫태생들을 죽이기 위해 활동한 것이다. 이집트의 첫태생이 멸망한 것처럼 "사망의 첫태생"도 언젠가 멸망할 것이다(계 19:20).

MEMO

■ 새롭게 깨달았거나 적용할 내용이 있다면 적어 보세요. ■

제3과 복습문제

1. 이집트의 열 재앙은 갈수록 그 강도가 (   )간다.

2. 이집트의 열 재앙은 각각의 짝이 있어 상호 대칭을 이룬다.

① 물이 피("죽음")로 바뀜	⑩ 첫태생의 "( )"
② 개구리("밤"의 생물)의 재앙	⑨ 땅을 뒤덮은 "( )"
③ 흙을 이로 바꿈 "이것은 하나님의 손길이니이다" (마법사들, 출 8:19).	⑧ ( )의 재앙 "내가 주 너희 하나님과 너희에 대하여 죄를 지었도다"(파라오, 출 10:16).
④ 이스라엘 자손들이 있는 고센 땅이 파리 떼의 습격에서 제외됨	⑦ 이스라엘 자손들이 있는 곳이 ( )의 재앙에서 제외됨
⑤ 가축들의 죽음 이집트인의 가축들이 공격을 받음 (출 9:3)	⑥ 물집과 ( )의 재앙 이집트인의 가축들이 공격을 받음 (출 9:9)

3. 열 재앙은 이집트인들로 하여금 히브리 노예들의 하나님이 (   )이심을 알게 했다.

4. 모세를 대적하는 이집트 마법사들의 등장을 허용하신 이유는, 주 하나님께서 자신을 이집트인들과 이스라엘 앞에 공개적으로 드러내시기 위해서는 "(   ) 대상"이 필요했기 때문이다.

NOTES

제 4 과

첫태생의 죽음과 영광스러운 대탈출

(12-14장)

『이집트에 거주한 이스라엘 자손의 기거 기간은 사백삼십 년이니 사백삼십 년의 끝, 즉 그 날이 되었을 때 **주**의 모든 군대가 이집트 땅에서 나왔더라』(출 12:40,41).

마지막 재앙

하나님께서 이집트에 내리신 재앙들은 나라를 망하게 할 정도로 엄청난 재난이었다(출 10:7). 이와 관련하여 네덜란드의 라이덴 박물관에 보관되어 있는 한 파피루스에는 이렇게 기록되어 있다. "재앙들이 땅을 휩쓸었고 곳곳에는 유혈이 낭자했다. 어디 그뿐인가. 강에서는 핏물이 범람한다. 그것을 어떻게 마시겠는가? 인간으로서는 마시지 못한다. 목이 말라 죽을 지경이다... 외부에서 낯선 사람들이 이집트로 들어왔다... 곡식은 곳곳에서 말라 죽었다. 사람들은 '더 이상 못 참겠다.'라고 탄식하며 한숨을 쉬고 있고, 곳간은 텅 비어 버렸다."

이제 "마지막 재앙"(첫태생의 죽음)을 끝으로 이스라엘은 영광스러운 대탈출을 하게 되는데, 사실 이는 일찍이 하나님께서 모세에게 말씀하신 바였다(출 4:22,23). 이집트는 하나님의 "첫태생", 이스라엘을 괴롭힌 대가를 치러야 했던 것이다. 그러나 파라오는 그런 대가를 치르고서도 또다시 완고한 마음을 품었고, 비참한 최후를 맞이하게 된다(홍해에 수장됨). 복음을 거절한 모든 죄인들의 최후도 이와 마찬가지다!

MEMO

■ 새롭게 깨달았거나 적용할 내용이 있다면 적어 보세요. ■

마지막 재앙에 대한 경고(11장)

『**주**께서 이집트인들의 목전에서 그 백성에게 은총을 주셨으며, 더욱이 그 사람 모세는 파라오의 신하들의 목전과 그 백성들 목전에서, 이집트 땅에서 매우 위대하게 되었더라』(11:3).

이집트인들에게 신의 대리자요, 살아 있는 "호루스"(Horus)로 여겨졌던 파라오와 그가 자랑하는 우상들의 위신은 땅에 떨어진 지 오래였다. 그것들은 능력 없는 가짜 신들에 불과했다. 그러나 이에 반해 히브리인의 주 하나님의 종 모세는 그들에게 "신"이었다(7:1). 그가 왕궁에 들어갈 때면 파라오의 신하들이 두려워했고, 왕궁에서 나오면 무슨 재앙이 또 일어나는 것은 아닐까 하고 사람들은 두려워 떨었다.

주 하나님께서는 재앙들을 통해 모세와 이스라엘 백성들이 우상 숭배자들에 불과한 이집트인들과는 차원이 다른 민족임을 누구라도 알 수 있게 보여 주셨던 것인데, 이러한 대비를 가장 극명하게 보여주는 마지막 재앙을 끝으로 이스라엘 백성들은 이집트에서 나가게 된다. 『**그러나 이스라엘 자손 중에서는 사람이든 짐승이든 어느 누구에게도, 개조차 그 혀를 놀리지 못하리니, 주께서 이집트인과 이스라엘 사이를 어떻게 구별하시는지를 너희가 알리라**』(11:7).

성경에서 "심판"은 언제나 "나누는" 역할을 한다(살후 1:6-9, 마 13:24-30). "심판"이 있기 전 히브리인들과 이집트인들은 서로 "이웃"(2절)으로서 "섞여" 살았지만, 심판이 집행되자 그 "구별"이 드러난 것처럼 말이다. 따라서 우리는 "심판"이 집행될 때 자신이 어느 쪽에 있을 것인지에 대해 숙고해야 한다. 설령 신실한 사람들과 함께였다고 해도, 그러한 사실이 그들과 함께 분류될 것임을 보장하는 것은 아니기 때문이다.

전지하신 하나님께서는 이미 출애굽 이후에 무슨 일이 있을지를 알고 계셨기에, 이때 모세에게 『**이제 백성들의 귀에 말하여... 은패물과 금패물을 빌리게 하라.**』(출 11:2)라는 명령을 함께 주셨다. 이 일이 없었더라면 백성들은 광야에서 성막을 만들 때 참여할 몫이 없게 되었을 것이다(35:22). 하나님께서 내다보신 미래는 여기에서 그친 것이 아니었다. 성경은 분명 이때 빌린 은패물과 금패물이 "빌린" 것이었다고 말씀하신다. 즉, 이스라엘 백성들은 이것들을 후에 "갚아야" 했던 것이다!(대하 12:9; 36:3)

유월절의 제정(12장)

『이 달이 너희에게는 달들의 시작이 될 것이요, 그것이 너희에게는 해의 첫째 달이 되리라. 너희는 이스라엘의 온 회중에게 고하여 말하기를 '이 달의 십 일째 되는 날, 그들 각자는 그들 아비들의 집에 따라 어린양 한 마리를 취할지니, 한 집에 어린양 한 마리라... 같은 달 십사 일까지 간수하였다가, 이스라엘 회중의 전체 모임에서 저녁 때에 그것을 잡을지니라. 그리하여 그들은 그 피를 취하여, 자기들이 그것을 먹을 그 집들의 양쪽 문기둥과 문 윗기둥에다 뿌릴지니라』(12:2,3,6,7).

하나님께서 "첫째 달"로 지정하신 이 달은 성경에서 "아빕 월"(13:4), 또는 "니산 월"(느 2:1)로 불리며, 우리가 쓰는 달력으로 하면 3,4월경에 해당한다. 이스라엘은 본래 우리가 쓰는 달력으로는 9,10월경에 있는 "티스리 월"을 첫 달로 하는 달력 체계(민간력)를 사용했었지만, 하나님께서는 유월절이 있는 "아빕 월"을 첫 달로 하는 달력 체계를 사용할 것을 명령하신 것이었다. **유월절과 그것을 기점으로 한 출애굽 사건은 그만큼이나 이스라엘 백성들에게 중요한 사건이었는데, 그것이 "민족"으로서의 이스라엘의 출생을 천명하는 것이요 정체성 그 자체였기 때문이다(6:6,7; 12:41, 신 20:1, 렘 16:14,15)**.

유월절은 히브리어로 "페사흐"인데, 문자 그대로 "넘어감"을 뜻한다. 이 밤에 이집트 땅에서 첫태생들을 죽이던 "멸망시키는 자"는 양쪽 문기둥과 문 윗기둥에 어린양의 피가 뿌려진 집만큼은 "지나쳐" 가야 했다"(12:23). 이 명절이 "하나님의 어린양"으로서(요 1:29,36) 피 흘려 죽으실 예수 그리스도의 "그림자"(히 10:1)라는 데는 재론의 여지가 없다. 성도들이 예수 그리스도의 피 뿌림을 받음으로써(벧전 1:2) 소유하게 된 영원한 생명은, 제아무리 "죽음의 세력을 가진 자"(히 2:14)라고 해도 건드리지 못하는 것이다!

유월절 어린양이신 예수 그리스도

① 유월절 어린양은 첫째 달 10일에 취해져서 14일까지 간수했다가 잡는다(3,6절). 예수님께서도 10일에 장례를 위해 기름 부음을 받으신 후(cf. 요 12:1-8), 14일에 숨을 거두셨다(cf. 막 14:12).

② 유월절 어린양은 흠이 없어야 했다(5절). 인류의 죄로 인해 십자가에서 피 흘려 죽으신 예수 그리스도께서도 그런 분이셨다(벧전 1:19).

③ 유월절 어린양의 피는 양쪽 문기둥과 문 윗기둥에 뿌려졌다(7,22,23절)

공교롭게도 예수님께서 십자가에 달리실 때도 양 옆에는 두 강도가 있었고("양쪽 문기둥"), 그 사이 더 높은 곳에("문 윗기둥") 주님께서 못 박히셨다.

④ 유월절 어린양을 먹을 때는 물에 삶아 먹으면 안 되고 불에 구워 먹어야 했다(9절). 예수님께서도 "지옥불"을 맛보셔야 했다(마 12:40).

⑤ 유월절 어린양은 아침까지 남겨 두지 말아야 했다(10절). 예수님께서는 초림 때 죄인들을 대신하여 죽어주셨지만, 재림 때는 오히려 죄인들을 심판하실 것이다.

⑥ 유월절 어린양은 뼈를 꺾지 못하게 되어 있었다(46절). 십자가에서도 주님의 뼈는 꺾이지 않았다(요 19:31-36, cf. 시 34:20).

그날 밤 이집트에는 큰 울부짖음이 있었다. 사람이 죽지 않은 집이 없었기 때문이었다(30절). 혹자는 이집트인이라는 이유만으로 그런 일을 당해야 했던 것은 너무하지 않느냐고 하나님께 따져 묻고 싶을지도 모르겠다. 그러나 천만의 말씀이다. 그들이 첫태생을 잃었던 까닭은 "이집트인이기 때문"이 아니었다. 그들이 그런 일을 당했던 까닭은 "피를 뿌리지 않았기 때문"이었다. 어린양의 피가 있었더라면 멸망시키는 자는 결코 그들에게서 첫태생을 빼앗아갈 수 없었을 것이다.

무교절의 제정(12장)

『또 너희는 무교절을 지켜야 하리니 이는 바로 그 날에 내가 너희 군대를 이집트 땅에서 데리고 나왔음이니라. 그러므로 너희는 영원히 율례로 삼아 너희 대대로 이날을 지킬지니라. 첫째 달, 그 달의 십사일 저녁부터 그 달의 이십일일 저녁까지 너희는 누룩 없는 빵을 먹을지니라. 칠 일간은 너희 집에서 누룩을 찾아볼 수 없게 하라. 누룩이 있는 것을 먹는 자는 누구든지 타국인이든지, 그 땅에서 태어난 자든지 그 혼이 이스라엘의 회중에서 끊어지리라』(12:17-19).

14일의 해질 무렵(오후 3-6시)에 어린양을 잡은 뒤, 해가 지고 나면 곧바로 무교절이 시작된다. 그래서 유월절과 무교절은 종종 한 명절처럼 묶여서 제시되곤 한다(막 14:1,12, 눅 22:1,7). 칠 일의 기간 중에서 첫째 날과 일곱째 날에는 거룩한 모임으로 모이고 어떤 노동도 금지된다(16절, 레 23:7,8). **그중에서도 첫째 날의 안식일이 더 강조되는데, 이는 바로 이날 밤에 이스라엘이 이집트에서 나왔기 때문이다**(17절). 그래서 요한복음 19:31에서는 그 날을 가리켜 "큰 날"이라고 말씀하신다.

성경에서 누룩은 "죄"(고전 5:6)와 "거짓 교리"(마 16:11)를 상징한다. 따라서 **무교절은 그리스도의 보혈을 통해 구원받고 난 뒤에는 "거룩한 삶"을 살아야 한다는 것을 보여 주는 명절이라고 하겠다**. 특히 유월절과 무교절 사이에 시간적인 간격이 없다는 것은, "즉시로" 그렇게 해야 함을 보여 준다(딛 2:11-14). 흔히들 거룩함을 성숙한 성도들의 전유물인 것처럼 오해하지만, 전혀 그렇지 않다. 구원받은 성도는 누구라도 거룩할 수 있다!(벧전 1:14-16)

첫태생에 관한 율례(13:1-16)

> 『장차 네 아들이 네게 묻는 일이 있으리니 말하기를 '이것이 무슨 일이니이까?'하면, 너는 그에게 말할지니 '주께서 손의 권능으로 우리를 이집트, 곧 종의 집에서 데리고 나오셨는데 그때에 파라오가 우리를 전혀 보내려 하지 아니하므로 주께서 이집트 땅의 모든 첫태생, 즉 사람의 첫태생과 짐승의 첫태생을 죽이셨느니라. 그러므로 태를 여는 모든 것의 수컷으로 내가 주께 희생제를 드리나 내 자손의 모든 첫태생은 내가 대속하는 것이라』(13:14,15).

기본적으로 "첫태생"은 첫 번째로 태를 여는 존재를 의미하지만(34:19; 6:14), 출애굽기에서는 이 단어를 민족적으로 태어난 이스라엘을 가리키는 표현으로 처음 사용했다. **『이스라엘은 내 아들이요, 내 첫태생이니라』**(4:22). 그러나 이집트의 파라오는 첫태생인 이스라엘을 보내 주지 않았기 때문에, 그 대가로 자신의 첫태생부터 종의 첫태생까지, 심지어 짐승의 모든 첫태생까지 죽어야만 했다(4:23; 11:5; 12:12, 민 33:4). 이것이 이스라엘이 이집트 땅을 나오던 밤에 일어난 사건이었다(12:29).

이를 계기로 이스라엘에서 태어난 모든 첫태생은 하나님의 것이 되었고 (13:2; 34:19), 반드시 대속해야 했다(13:13; 34:20, 민 18:15). 그래서 후일 하나님께서는 이스라엘의 모든 첫태생을 대신하여 "레위인들"을 택하시고 주님의 것으로 삼으시어(민 3:12,40; 8:16,18) 성결케 하셨다(민 8:17). 첫태생이 하나님의 것이 된다는 법칙은 사람뿐 아니라 가축에게도 마찬가지로 적용되었다(민 3:41). 이스라엘 백성들은 소떼와 양떼의 첫태생을 주님께서 그분의 이름을 두시려고 선정하실 곳으로 가지고 와서 성결케 하여 바치고(신 15:19) 주 앞에서 먹어야 했다(신 12:6,17; 14:23).

출애굽 여정의 시작(13장)

『이스라엘 자손들이 라메세스에서 숙콧으로 여행을 하니 아이들 외에 보행하는 남자가 약 육십만이며... 그들이 숙콧에서 그들의 여정을 시작하여 광야의 끝에 있는 에담에 진을 쳤는데 **주**께서 낮에는 구름 기둥으로 그들 앞에 가시어 길을 인도하시고, 밤에는 불 기둥으로 그들에게 빛을 주시어 주야로 가게 하시니 주께서 낮에는 구름 기둥을, 밤에는 불 기둥을 그 백성 앞에서 없애지 아니하시니라』(12:37; 13:20-22).

이스라엘 백성들은 고센 땅 "라메세스"(라암셋, 출 1:11)에서 출발하여 "숙콧"(라메세스의 동남쪽)에 도착하여 진을 침으로써 대장정의 막을 올렸다(출 12:37). 그 후 그들은 숙콧에서 비터호수 남쪽을 지나 호수 끝, 광야 끝에 있는 "에담"으로 내려가 진을 쳤는데(20절), 이것은 이스라엘 백성들이 자의적으로 선택한 것이 아니라 하나님께서 친히 구름 기둥과 불 기둥으로 인도하신 것이었다(21,22절). 그런데 여기에는 한 가지 이상한 점이 있다. **왜 이스라엘은 출애굽 여정의 최종 목적지가 "카나안 땅"이었음에도 불구하고 "해변길"을 따라 올라가는 가까운 경로를 놔두고 아래 남동쪽 방향으로 내려온 것인가?** 여기에는 세 가지 이유가 있었다.

첫째로 그들이 전쟁을 겪지 않도록 하기 위해서였다. 왜냐하면 백성들이 전쟁을 보면 후회하여 다시 이집트로 돌아갈 수 있는 가능성이 있었기 때문이다(17절). 둘째로 이집트인들을 몰살시키기 위해서였다. 홍해에 수장시킴으로써 그들과 완전히 단절시키기 위함이었던 것이다. 셋째이자 가장 근본적인 이유는 광야에서 먼저 하나님을 섬겨야 했기 때문이다(3:12; 4:23). 특히 그곳 시내 산에서 율법을 받아야 했던 것이다.

■ 새롭게 깨달았거나 적용할 내용이 있다면 적어 보세요. ■

갈라진 홍해(14장)

『너는 네 막대기를 들어 네 손을 바다 위로 뻗쳐서 그것을 가르라. 그리하면 이스라엘 자손들이 바다 가운데를 통과해서 마른 땅 위를 가리라. 내가, 보라, 내가 이집트인들의 마음을 완악하게 하리라. 그러면 그들이 백성들을 따라가리니 내가 파라오와 그의 모든 군대와 그의 병거들과 그의 기병들 위에서 영예를 얻으리라. 내가 파라오와 그의 병거들과 그의 기병들 위에서 영예를 얻고 나서야 이집트인들은 내가 **주**인 줄 알게 되리라." 하시니라』(14:16-18).

시내 산 쪽으로 방향을 잡은 이스라엘은 광야 끝 에담에서 홍해를 따라 곧장 시내 산으로 내려갈 수 있었다. 그러나 하나님께서는 그렇게 명령하지 않으셨다. **『이스라엘 자손들에게 말하여 그들로 돌아서[turn] 바알스폰 맞은편 믹돌과 바다 사이 피하히롯 앞에 진을 치게 하라. 너희는 피하히롯 앞에서 바닷가에 진을 칠지니라』**(2절). 인간적인 견지에서 보면 이것은 이스라엘 백성으로 하여금 "혼란에 빠져 광야에 갇힌 상태"(3절), 곧 "독 안에 든 쥐" 꼴이 되게 하는 명령이었다. 그러나 하나님의 견지에서 보면, 하나님께서 이집트의 군대 위에서 영예를 얻으시기 위한 방책이었다(4절).

이스라엘 자손들을 내보냈던 파라오는 마음이 다시 완악해졌다(4절). 그래서 그는 특별히 선발한 600대의 병거들과 이집트의 모든 병거들을 거느리고 이스라엘 백성들을 추격했다(5-9절). 진군해 오고 있는 파라오의 군대를 본 이스라엘 백성들은 두려워했다(10절). 앞에는 홍해가 가로막고 있고, 뒤에는 파라오의 군대가 뒤쫓아 오고 있었으니 그야말로 사면초가였던 것이다. 결국 그들은 모세에게 온갖 불만을 쏟아 냈다. "우리를 가만히 놔두지, 괜히 이집트에서 끌고 나와 이 광야에서 쓸데없이 죽게 만드느냐! 여기서 죽느니 차라리 이집트의 노예로 사는 게 낫겠다!"(11,12절).

불평하는 백성들 앞에서 모세는 위대한 일을 이루실 하나님의 구원을 담대하게 선포한다. 『**모세가 백성들에게 말하기를 "너희는 두려워 말고 가만히 서서 주께서 오늘 너희에게 보여 주실 주의 구원을 보라. 너희가 오늘 본 이집트인을 다시는 영원히 보지 못하리라. 주께서 너희를 위하여 싸우시리니 너희는 가만히 있을지니라." 하더라**』(13,14절). 모세가 하나님의 명령대로 막대기를 들어 손을 바다 위로 뻗치자, 강한 동풍이 불어 바다가 뒤로 물러나더니 바다 한가운데에 길이 갈라져 마른 땅이 생겼다. 물은 좌우로 엄청나게 큰 벽을 형성했다(21,22절). 그 길을 이스라엘 백성들은 당당하게 통과하며 지나갔다.

마음이 완악해진 파라오와 그의 군대들은 이스라엘을 추격하여 바다의 중간까지 따라 들어갔다(23절). 하나님께서 그들을 불안하게 하시고 병거의 바퀴들을 빼시어 힘겹게 몰고 가게 하시자, 그들은 이스라엘을 도우시는 하나님 앞에서 심히 두려워했다(24,25절). 하지만 돌이키기에는 이미 늦은 상황이었다. 모세가 다시 바다 위로 손을 뻗치자, 벽을 형성하고 있던 그 물은 파라오와 그의 모든 군대를 덮치더니 완전히 수장시키고 말았다(26-28절). 이스라엘 백성들은 바닷가에서 이집트인들의 시체를 보았다(30절). 단 한 명의 이집트인도 그 물에서 빠져나오지 못했고, 그들을 괴롭혔던 파라오도 더 이상 보이지 않았다. 이 위대한 구원의 역사를 목격한 이스라엘 자손들은 하나님을 두려워하고 주와 그의 종 모세를 믿을 수밖에 없었다(31절).

MEMO

■ 새롭게 깨달았거나 적용할 내용이 있다면 적어 보세요. ■

출애굽 사건을 둘러싸고 벌어지는 협잡질

세실 B. 드밀이 만든 〈십계〉라는 영화에서는 파라오가 이스라엘 자손들을 추적한 뒤 다시 이집트로 돌아온 것으로 묘사한다. 이것은 완전히 거짓말이다. 세실이 그렇게 묘사하는 이유는 무엇인가? 세속사에서는 출애굽기에 등장하는 파라오를 이민족인 힉소스인들의 왕으로 보지 않고, 그보다 200-250년 뒤인 람세스 2세로 생각하기 때문이다. 람세스 2세의 시신은 이집트의 매장 관습에 따라 미라로 만들어져 현재는 카이로 박물관에 남아 있다. 그러나 홍해 속에 수장된 파라오의 시신은 유실되었을 터이므로 미라로 만들어질 수 없다. 만에 하나 그 시신을 찾아냈다고 해도 익사한 흔적이 있어야 하는 것이다.

또, 어떤 신학자들은 이스라엘 백성들이 단순히 홍해 위쪽의 갈대숲이 많은 늪지대라든지 해변 근처를 지나간 것이었다고 설명하지만, 그것은 근거 없는 거짓말일뿐더러 출애굽 사건에 대해 전혀 이해하지 못하고 지껄이는 헛소리에 불과하다. 출애굽 사건의 의의는 이스라엘을 "거룩한", 즉 "구별된" 민족으로 세우는 것이었으므로 그들은 이집트와 완전하게 분리되어야 했다. 그래서 하나님께서는 바다를 사이에 두심으로써 둘 사이에 철저한 "선"을 그으신 것이었다. 이런 면에서 홍해가 갈라진 사건은 휴거와 재림을 예표하는 것이기도 한데, 곧 구원받은 성도들이 "붉은 바다"(계 15:2)를 건너가고 난 뒤 세상에 속한 사람들이 심판받을 것이라는 사실을 뒷받침하는 것이다. 따라서 이스라엘 백성들이 바다를 통과해서 가지 않았다고 가르치는 것은 기록된 역사를 왜곡하는 것일뿐더러, 성경의 세대주의적 진리를 가리는 사악한 죄인 것이다.

제4과 복습문제

1. 출애굽 당시의 이스라엘 백성들이 이집트인들에게서 빌리는 은패물과 금패물은 나중에 ( )을 만들 때 사용되어질 재료들이다.

2. 유월절 어린양의 피는 양쪽 문기둥과 문 윗기둥에 뿌려졌는데(출 12:7,22,23), 이것은 갈보리 ( )의 모형을 보여 준다.

3. 유월절 어린양은 물에 삶아 먹으면 안 되고 불에 구워 먹어야 했는데(출 12:9), 이것은 "불에 의한 저주의 심판"을 상징한다. (O , X)

4. 유월절 어린양은 뼈를 꺾으면 안 되었는데, 이것은 어린양이신 예수 그리스도께서 십자가에 달리셨을 때 뼈가 꺾이지 않을 것임을 예표하는 것이었다. (O , X)

5. 무교절은 거듭난 이후 성도로서 살아야 할 "( ) 생활"을 가리킨다.

6. 이스라엘은 홍해를 건넌 것이 아니라 그 위쪽 갈대숲을 지나간 것이었다. (O , X)

7. 출애굽 사건의 의의로 보면, 하나님께서 이스라엘을 구별된 민족으로 세우시는 것이니만큼, 그들은 바다를 사이에 두고 그들을 노예로 삼았던 왕국에서 철저히 분리되어야 했다. (O , X)

NOTES

NOTES

복습문제 정답

제1과

1. 구속
2. 율법
3. X
4. 선지자
5. X
6. 나
7. 사탄
8. O
9. 심판
10. 거룩한

제2과

1. O
2. 불순종
3. O
4. 완악하게
5. X

제3과

1. 늘어
2. 죽음, 어두움,
   메뚜기, 우박, 종기
3. 주
4. 비교

제4과

1. 성막
2. 십자가
3. O
4. O
5. 거룩한
6. X
7. O

■ 추천도서 ■

출애굽기

피터 S. 럭크만 지음 / 502쪽 20,000원(e-Book 14,000원)

출애굽기는 성경을 공부하려고 하는 그리스도인이 반드시 알아야 하는 책이다. 본 주석서를 읽고 공부하면 성경이 분명해지고 하나님에 관한 지식이 점점 쌓여 하나님의 일꾼이 될 수 있다. 매 구절마다 설명한 성경 주석의 참 맛을 즐겁게 누릴 수 있는 출애굽기는 모든 그리스도인의 필독서이다.

세대적 진리

클라렌스 라킨 지음 / 265×322 양장 / 322쪽 / 32,000원

1920년에 출간된 이후로 이 책만큼 전 세계 그리스도인들의 사랑을 받아온 책도 아마 드물 것이다. 이 책은 세대주의 연구의 기초가 되는 책으로 클라렌스 라킨의 역작이며, 성경을 연구하는 모든 그리스도인들의 필독서이다. 이 책을 펼쳐 드는 순간, 성경 전체의 예언을 꿰뚫는 거대한 스케일의 성경 연구가 시작된다.

성 막

피터 S. 럭크만 지음 / 80쪽 / 3,000원(e-Book 1,900원)

성막이나 성전은 구약에서 하나님의 임재의 장소였다. 신약 시대에는 성령님께서 성도들의 몸을 성전 삼아 그 안에 계신다. 성막은 구약에 속한 부분이지만, 성막과 그 안에 속한 모든 것들은 하나의 모형으로 신약 교리를 조명해 준다. 우리는 성막을 통해 우리의 구원에 대해 배우게 된다.

신구약을 관통하는 성경지도

편집부 지음 / 188×260 112쪽 / 15,000원

본서는 성경의 기록들에 충실한 상태에서, 독자들의 이해를 돕기 위해 역사적 자료들을 충분히 제시해 놓았다. 그래서 이 책 한 권으로 성경의 지리들을 이해함과 동시에, 구약과 신약에 있어서 개론적으로 알아야 할 모든 내용들을 이해할 수 있게 된다. 성경을 공부함에 있어서 본서는 독자들의 지적 호기심을 충족시키는 데 부족함이 없을 것이다.

■ 서울솔로몬학교 성경연수원 ■

『네가 진리의 말씀을 올바로 나누어 자신이 하나님 앞에 부끄럽지 않은 일꾼으로 인정받도록 공부하라』(디모데후서 2:15). 오늘날 하나님께서 원하시는 일꾼이 제대로 길러지지 않는 이유는 성경을 공부하지 않기 때문입니다. 본 연수원은 이 나라 교회들이 복음도 제대로 전하지 않고 성경도 체계적으로 가르치지 않는 것을 보고서 하나님의 유능한 인재를 양성하기 위해 아래의 교육과정을 개설했습니다.

▶ **<킹제임스성경신학교> 교수진의 정선된 강의와 수준 높은 성경공부 교재로 성경을 쉽고 정확하게 배울 수 있습니다.**

▶ **본 과정을 모두 이수하면 수료증이 수여되고 <킹제임스성경신학교> 2학년으로 편입할 수 있습니다.**

1. 모집 대상 : 성경을 공부하기 원하는 남녀노소
2. 교육 기간 : 1박 2일(합숙 가능, 금요일 오후 7시 입소, 토요일 오후 4시 퇴소),
   1일 특강(토요일 오전 10시 입소, 오후 4시 퇴소)
3. 참 가 비 : 8만 원(교재 및 숙식비 포함)
4. 교육 과정

1) 단기 성경연수 과정(1박 2일, 1일 특강)

요한계시록	로마서	마태복음	요한복음	다니엘
사도행전	히브리서	야고보서	베드로전후서	에스겔
갈라디아서	에베소서	빌립보서	골로새서	이사야
고린도전후서	목회서신	창세기	출애굽기	소선지서
데살로니가전후서	여호수아	재판관기	사무엘상하	열왕기상하
성경의 비유들	세대주의	이단연구	적그리스도	이스라엘

2) 주일학교 성경교사 자격증반(1박 2일, 매월 1회 총 12주 과정)

3) 한글킹제임스성경 통독교실(1박 2일)

4) 크리스찬 청소년 리더십 캠프(2박 3일)

※ 각 과정 별로 구령하는 방법을 1시간씩 교육합니다.

www.solomonbtc.org

강화도에 위치한 본 연수원은 동쪽으로는 바다, 서쪽으로는 길상산, 북쪽으로는 호수와 넓은 들이 펼쳐져 있는 최상의 휴식처로서, 등산, 낚시, 트레킹을 할 수 있고, **일천 그루의 잣나무 숲에서 성경을 공부하고 기도하며 쉴 수 있는 최적의 환경**입니다. 남녀 생활관에서 합숙이 가능하며, 가족 동반 시 게스트하우스(콘도형 빌라)를 이용할 수 있습니다. 초지대교에서 좌회전 후 4분 거리에 있으며, 지하철 5호선 방화역에서 셔틀 차량이 운행됩니다. 인천광역시 강화군 길상면 장흥로 29-6 / (02) 2665-3743

솔로몬 성경공부 시리즈

출애굽기

제1권 유월절 어린양과 영광스러운 대탈출(1-14장)

초판인쇄 2025년 12월 29일
초판발행 2025년 12월 31일
지 은 이 / 편 집 부
발 행 인 / 박 승 용
발 행 처 / 말씀보존학회
출판등록 / 제409-2022-000036호
주 소 / 서울 강서우체국 사서함 제90호
전 화 / (02) 2665 - 3743
팩 스 / (02) 2665 - 3302
인 터 넷 / www.biblemaster.co.kr

잘못된 책은 바꿔 드립니다.

값 10,000 원